阪本節郎

50歳を超えたらもう年をとらない46の法則

「新しい大人」という50＋《フィフティプラス》世代はビジネスの宝庫

講談社＋α《プラスアルファ》新書

まえがき

「あなたはシニアと呼ばれて自分のことだと思いますか」という調査をしたことがあります。「そう思う」と答えた50代は19％でした。60代ではさすがに半数を超えますが、では「あなたはシニアと呼ばれてみたいですか」という質問に「そう思う」と答えた人は60代で12％でした。高齢化が急速に進展する昨今、新聞やテレビで「シニア」「中高年」という言葉を聞かない日はないといってもいい毎日ですが、それを聞いて50代・60代の8～9割の人は「シニア・中高年の人たちは大変だなあ」と思っています。「いや、アナタのことですよ！」と指摘されて「エッ!?　オレ？　アタシ？」とビックリしたりするわけです。

「サンシティ」は55歳以上に入居資格があり、カリフォルニア、アリゾナ、フロリダなどにあるアメリカの有名なリタイアメントコミュニティです。８年程前に訪ねたときにパンフレットに「アクティブ・アダルト」と書いてあったので「なぜ〝アクティブ・シニア〟ではないのか」と質問したら、「〝シニア〟はアメリカではウケない」という返事でした。シニアと言われてもすれ違ってしまう50代・60代の意識は日米共通なのか、と驚かされました。

アメリカでは、「シニア」という呼び名の代わりに、「50＋（フィフティプラス）」という言い方が抵抗感がなくポピュラーになりつつあります。この「50＋」は、全米最大の高齢者NPOの「AARP」が使い始めたのですが、シニアの当事者による会員組織だとこういう言葉使いが受け入れられるということです。すでに日本でも「シニア」に代わるキーワードとして注目されており、JR東海ではいち早く「50歳からの旅クラブ」の名称として「50＋」が採用されています。今後、シニアを語るときやシニア市場におけるキーワードとして、憶えておいて損はないでしょう。

とはいえ世の中の一般的なシニア像をみると、「50代以上のほとんどは人生にくたびれて居場所もなくなり、血圧や食事の塩分のことばかり気にしているオジサン・オバサン」であり、そのなかのごく一部は「オヤジバンドをやって自分たちだけ盛り上がっている脳天気なオッサン」というところだと思われます。

実際「自分は50代であっても全くシニア・中高年とは縁遠いが、世の中のほとんどの50代は人生に疲れた人たちなのだろう」と思っている50代も多くいます。つまり冒頭の調査結果は、実は〝皆〟が自分だけは違う、と思っていたということを示しています。

こうした社会的に大きな変化を調査し鋭意研究を続けているのが「博報堂エルダーナレッジ開発　新しい大人文化研究所」（以下、新しい大人文化研究所）で、筆者はその所長を務めています。これまで日本では文化の主流は「若者」でした。若者とヤングファミリーを中心に文化は動かされて来ました。今でも多くのビジネスやマスコミはその流れが続いていると思っています。しかし、冒頭に書いたような人たちが多数派だとすると、少し異なる文化が日本に生まれてくるのではないでしょうか。今社会的風潮をみると高齢者・中高年になって人生下り坂の人が山ほど増えて大変「残念な世の中」になりそうで困ったことだ、と言われているようにみえます。そうではなく、その人たちから新しい何かが生まれて来るのではないか。そんな予感を、日々調査研究するなかで感じています。それを私たちは高齢者文化ではなく「新しい大人文化」と定義しているわけです。その「新しい大人文化」を担う多数派の人たちを、シニア・中高年・高齢者ではなく「新しい大人」と呼んでいます。

「自分だけはシニア・中高年ではない」と思う人たちを指して「イタい」とか「無理しているのでヤメテクレ」という議論もよくネット上では見られます。そういう非難であふれているといっても過言ではありません。

これに対して、本書では「自分だけはジジババにならない」と思っていることは、決して非常識ではなく、「次の常識」になりそうだ、ということを多くの調査分析データから示しています。とはいえ、40代中頃から小さい字が読みにくくなり、女性は更年期障害が始まります。50代を過ぎれば持病のひとつやふたつはあるほうが当たり前になります。人生あきらめ感も出て来ます。元気いっぱいという人はまずいません。だからといって本書ではそれを元気いっぱいにしましょう、という無理なことを勧めようとしているのではありません。それはそれとして、気持ちを若く持ち続けて前向きにあり続けるにはどうしたらよいか。また、決して若づくりをしているわけではないし、白髪になったり頭部が薄くなったりもしますが、それでも一見ジジババには見えない人も増えて来ました。そうあり続けるためにはどうしたらよいか。そのヒントが何がしか得られれば、というのが願いです。

当研究所はその前身であるエルダービジネス推進室設立から14年間調査分析を重ねてきました。また、40代からこれまでの中高年ではない大きな変化が起きているということで40～60代を調査しており、本書のデータは主にその調査結果を使用しています。この調査は大都市に片寄らないような工夫をした全国調査で、２７００名の男女が回答した結果を分析したものです。その意味では、現在の日本全国の40～60代の生活意識を反映するものといえます。記述にあたっては煩雑さを避けるため小数点以下四捨五入としました。

本書ではそのデータをベースに、14年間の研究成果を加味してジジババにならないポイントはどこにあるのか、を記しました。したがって、それは筆者の主観というより客観的なデータから必然的に導き出されたもの、という意味で「法則」としたわけです。

そして、こうした生活者の変化が実は日本のビジネスや社会を大きく変えていくのではないか、ということです。その意味では、是非、ビジネスに携わる方々にもお読みいただきたいと思います。ビジネスでもシニアということが言われていますが、多くはシニアという市場も付帯的にあらわれたというレベルです。そうではなくて市場全体が構造的に大きく変わるかもしれない、新しく大きなビジネスチャンスも生まれようとしているということです。とりわけ、おカネも時間もある「金時持ち《きんときもち》」で子どもにおカネがかからなくなった世代です。「新しい大人」としての生活や消費への前向きな意欲は大きな機会となるでしょう。アベノミクスもまさにそうした彼らが動かし、かつ増税の影響を和らげるクッションの役割も果たしたといえるのです。そうしたヒントが本書から何がしか得られればと思う次第です。

文中では、好例として多くの著名人を挙げましたが、年齢は2014年8月現在です。あらかじめご了承いただければ幸いです。

本書は最初から最後まで読み通していただければ趣旨を最もよくご理解いただけるものではありますが、お忙しい方には興味のある項目の拾い読みをしていただいても結構です。

本書をお読みいただき、今までの人生や考え方を肯定するようになったり、新たなヒントを得ていただければ望外の喜びです。また、より若い世代には、ビジネスや社会がここから変わっていく、それは全ての世代にとっての大きな機会であり、まさに、日本は絶望ではなく、「希望」へと向かっているのだということを感じていただければ幸いです。

◉目次

1 ジーンズの似合う大人になる

「50代になってもジーンズが似合うカッコイイ大人でいたい」64%：40～60代（新しい大人文化研究所調査より）

ジーンズは若者のものだといわれます。実際、東京の新宿でも渋谷でも、大阪の梅田でも全国どこの都市の繁華街でも若者がジーンズ姿で歩いています。

では日本で誰が最初にジーンズを若者のものにしたのでしょうか。それは1960年代後半の団塊世代、いまの60代とその前後の世代が若者の頃でした。それまではほとんどそのような格好をした若者はいなかったのです。そもそもジーンズはアメリカの労働者のものでした。アメリカで最初に若者のファッションにしたのは、1955年（日本公開1956年：昭和31年）の映画『理由なき反抗』です。主演のジェームス・ディーンが赤いブルゾンにジーンズで登場。中流家庭でありながら親に反抗する若者を演じ、その若さと反抗の象徴がジーンズでした。

『理由なき反抗』は日本でもヒットしましたが、当時の日本ではまだ若者がジーンズを身につけるところまではいかなかったのです。しかしその10年後、1960年代後半にボブ・ディラン、ピーター・ポール＆マリーなどのアメリカンフォークが滔々《とうとう》とわが国にも入って来ました。ベトナム反戦メッセージを携えてジーンズファッションとともにやって来たのです。それを当時の団塊およびポスト団塊世代の若者たちが急速に受け入れていきました。それは飾らない自然体のカッコよさでもありました。そして、その数の力と相まってジーンズが一気に若者のファッションになったのです。新宿も渋谷も梅田もジーンズの若者であふれるようになりました。

当時、日本のみならずジーンズは世界的な若者のファッションになったのです。フォークやロックのコンサート会場はジーンズにTシャツの若者で埋め尽くされました。その最大のイベントが1969年のウッドストックでした。それが今でも若者のファッションとして続いているのです。

ジーンズはそもそも〝若さ〟と〝反抗〟を象徴していました。当時は親世代や学校あるいは旧体制への反抗だったのですが、そこには時代の変化にともなう〝社会的革新〟という意味がありました。

当時の若者が今50代・60代となっています。40代も含む彼らに「50代になってもジーンズが似合うカッコイイ大人でいたい」か、を聞いてみました。その結果64%がそう思うと答えました。そのどこかに、自然体の自分でありたいという気持ちと同時に〝革新〟という意味があるのでしょう。「50代になってもジーンズが似合う」ということは、「50代になっても自然体で〝若さ〟と〝革新〟を持ち続けている」ということにもなります。たしかにそれは「カッコイイ大人」に違いありません。まさに「新しい大人」です。

とりわけジーンズがプライベートタイムで身につけるものであることを考えると、会社だけ、仕事だけでなく、また、子育てだけでなく、ちゃんと「自分も持ち続け」、しかも「活発な人」という意味を持ちます。少なくとも暗くて後ろ向きな人や黄昏に向かっている人には似合いません。また、一昔前のシニア・中高年のようにお腹が出て重役用の椅子に深々と腰を降ろしているような人にも似合わないのです。

自分から動き出す人、自分から走り出す人にジーンズは似合います。そういうカッコイイ大人でありたいと多くの人が思っているのでしょう。こうした人たちを「ジーンズフィフティ」と当研究所では名づけました。それは50代だけではありません。30代・40代でも50代になったときにジーンズが似合う新しい大人でいたい。そう思う人たちのことです。そして、60代、70代、80代、さらには90代以上でもそういう気持ちを持つ人たちであれば、何歳までもそうあり続ける「ジーンズフィフティ」だといえます。

男性でも女性でも、何歳であろうと、体型が太めであろうと細めであろうと、はいたことがなくとも身につけてみる。きっと気分が軽やかになることでしょう。自分にはちょっと無理かな、と思う人でもはいているうちに自然体の自分に似合うようになるものです。

従来、中高年、高齢者といわれた年代に「ジーンズをはいた新しい大人」が乗り込んでいくのです。年相応と思わずに、決して下を向かずに、ジーンズをはく自分にチャレンジし続ける。それは新しい自分を創り続けることでもあるのです。

そして、今そういう多くの「新しい大人」たちによって、若いときと同じような社会的革新が起ころうとしています。すなわち何歳までも前向きな自分でいる人たちがあふれ、多くの高齢期の人たちが高齢者ではなくなる「ソーシャルイノベーション」の大きな波が来ようとしているのです。

2 50代を過ぎたら歳をとらない、と思ってみる

「50代を過ぎたらもう歳をとらない、という自分でありたい（になりたい）」61％：40～60代
（新しい大人文化研究所調査より）

古来「不老長寿」は人類の悲願でした。中国では秦の始皇帝以来二千数百年にわたって「不老長寿」を求め続け、逸話には事欠きません。とはいえ、それは非現実的でもあり、実際、織田信長は「人間《じんかん》五十年化天《げてん》のうちを比ぶれば夢幻のごとくなり」と出陣の前に好んで謡いながら舞ったといわれます。これは人生50年の覚悟を示したとされます。当時は人の一生がおよそ50年しかなかったのです。仕事現役の年齢という意味では最近まで同様だったといえるでしょう。

「50代を過ぎたらもう歳をとらない」などということは、夢としてはあっても現実とは程遠いものでした。実際、50代を過ぎれば、皆、オジイサン、オバアサン、お年寄りになるのは

ごく当たり前でした。サザエさんのお父さんの波平さんは54歳という設定だったと言われます。描かれた当時は定年退職が55歳であり、その1年前で盆栽をいじり、髪の毛は主に頭の横側にあって頭頂部には一本だけというユーモラスなお父さんです。今でも人気のある漫画のキャラクター設定がそうだということは、ついこの間までそれが常識であったことを物語ります。とても「50代を過ぎたらもう歳をとらない」などということは現実的な話ではありませんでした。笠智衆さんといえば、サザエさんが描かれる以前から老人役で活躍した俳優です。小津安二郎監督の映画には欠かせない名優で、30代から老人役を好演、当然のことながら歳を重ねるごとに老人役に磨きをかけ、歳をとったらああいう枯れ方をしたい、と誰もが思う日本人男性のモデルのような存在でした。

ところが、そのオジイサン、オバアサンになる、という当たり前だった常識に異変が起こっています。「いい枯れ方をしたい」「いい歳の重ね方をしたい」というのとは百八十度異なる意識が広がっています。

「50代を過ぎたらもう歳をとらない、という自分でありたい（になりたい）」ですか、という質問に、40～60代の61％があてはまる、と答えました。これは50代が最も高く66％で、60代になると少々下がりますが、それでも54％と半数を超えます。

少なくとも生活者の意識の上では、「不老長寿」という人類の歴史的悲願が現実のものになりつつあるのです。驚くべきことです。今歴史的な時代に立ち会っているのかもしれません。生活者ひとりひとりの力でフランス革命、産業革命や明治維新に匹敵することが起こっている可能性があるのです。

それはテレビを見ているとよくわかります。30年近く続く有名な深夜番組に「朝まで生テレビ！」があります。司会の田原総一朗さんは番組開始時は53歳でしたが、もう80歳を超えました。とはいえ徹夜で舌鋒《ぜっぽう》鋭く司会をする姿はどう見ても50代の仕事ぶりです。

同じようにテレビで活躍したキャスターが筑紫哲也さんです。70代で現役として活躍をしていました。73歳で肺がんで亡くなりましたが、ライバルキャスターからも惜しむ声が相次ぎました。しかし考えてみれば、73歳でがんで亡くなるというのは、少し前までは高齢者の亡くなり方としてごく一般的な感覚だったのではないでしょうか。「現役のキャスターとして惜しい。もっと活躍して欲しかった」という声が湧き起こったこと自体、時代の変化を象徴しています。

高倉健さんは83歳になりますが、２０１2年に久々の新作主演映画となる『あなたへ』が公開されました。80代の健さんが老人役をするのか、といえば決してそうではありません。高倉健はどこまで行っても高倉健の役しかしないのです。ちなみに、主演した『あなたへ』は50代の役です。日本人だけではなくアメリカ人でも同様です。日本の多くの企業や大学で著作が教科書となっている、アメリカの著名なマーケティング学者のフィリップ・コトラー教授もすでに83歳です。しかし最近の記事で「気持ちの上では50歳だ」と述べています（日本経済新聞２０１３年12月1日「私の履歴書」より）。さらに、男性だけでなく女性でも黒柳徹子さんは81歳です。テレビ番組の「徹子の部屋」が２０１４年４月に12時台に繰り上がりました。若者向け番組の代表格「笑っていいとも！」が32年の幕を下ろし、かわって新しい昼の顔は80代になったのです。

日本が超高齢社会になってどうなるかといえば、実はオジイサン・オバアサンがいなくなる、という全く逆の現象が起きているといっても過言ではないのです。もちろん肉体的には同じようにいかない面もあるでしょう。しかし少なくとも精神的にはそういえそうです。高齢社会は悲観的にしか語られない面がありますが、「50代を過ぎたら歳をとらない」といったときに大きく変わって来る可能性があります。それが今現実になりつつあります。まさに日本は不老長寿社会になりつつあるといえそうです。

では、自分がそうであるためにはどうすればいいのでしょうか。今例に挙げた人たちは若い頃からほぼ同じ仕事を続けている人たちです。これに対し多くの人たちは一旦リタイアをします。女性も子育てを一旦卒業します。そのことが大きな違いのように思えます。しかし、今例に挙げたような人たちに共通するのは、つねに次の何かにトライしているということです。次の何か、次の自分をつねに考えるということが重要であるように思えます。つまり「人生これから感」を持つということです。一般的にはリタイアをしたこと、子育てが終わったことで、あるいは年をとったことで「余生感」を持つ、あるいは「なげやり感」を持ちがちです。そうなると本当に衰えていきかねません。たしかに仕事は一旦リタイアしたかもしれないのですが、仕事や会社は人生全体あるいは生活全体のなかではあくまでも一部です。その意味では仕事や子育ては一旦終えたかもしれないが「生活現役」であり続けようとすることです。そのなかで、つねに自分なりの「これから感」を持つことが大事です。

さらに、過度に無理をしないためにどうすればいいかといえば「気持ちの上では50代」でいるようにすることです。そして、これも自分なりにすればいいのです。そう考えればそれほど難しいことではありません。むしろ「自分なりに自然でいること」です。ただし、重要なことは、自分なりに自然でいるが、決して「下り坂感」ではないということです。

あくまで自然ではいるが「これから感」を持つことです。そのことで、誰もが無理することなく、何歳になっても歳をとらない〝ジーンズフィフティ〟になっていくことができるのです。

3 これから人生最高のときを創ろうとする

「何歳になっても若々しく、前向きな意識を保ち続けたい」83％：40～60代（新しい大人文化研究所調査より）

前項で、一般的にはリタイアをしたことで、あるいは年齢が上がったことで「余生感」を持つ、あるいは「なげやり感」を持ちがちと書きましたが、いわゆるシニア・中高年そしてオジサン・オバサンを特徴づけるものは何かといえば、それは「あきらめ半分」と「人生くたびれ感」、それに加えてとくにオジサンにあるのが「ズレてる感」といえるでしょう。いずれも自分にあてはまることであり、反論の余地もないというのが正直なところです。友人知人との日常会話でもよくそういう話は出るし、世の中を見渡してもそう思える人はたくさんいます。総じていえば50代以降あるいはリタイア後の「人生下り坂感」がこうしたことの源にあるといえるでしょう。

とはいえ、これをそのままにしておくことが実は加齢に伴う衰えにつながりかねないのです。そうならないために「人生これから感」が大事なのです。「人生下り坂感」からの転換です。では「これから感」を持って何をするのでしょうか。会社にいるときや仕事をしているとき、あるいは子どものいるときには、「何をするのか」は売り上げ目標の達成であったり、経費の削減であったり、あるいは子どもの日々の食事や健康、進学など必然的に目の前にありました。〝他者との関わり〟における所与のものです。

しかしながら、50代以降の人生で何が起こるかというと、それは会社や仕事も一旦卒業、あるいは育児とそれに伴う家事も一旦卒業ということで、それまで目の前にあった目標も一旦卒業になってしまうことなのです。

その〝他者との関わり〟に一旦卒業が来ると、今まではそこで現役人生も終わりでした。したがって後は付録なので「余生」だったわけです。しかしながら、これから重要なこと、そして今起こりつつあることは、そこから「自分」が始まるということなのです。「50代から〝自分の人生〟が始まる」ということです。それまでの人生を否定するということではありません。それは大事な人生であり価値ある人生だったわけです。ただ他者が前提の人生だったのが、ようやく「自分の人生」が始まる。まさにそれをいかに自分にとっての「人生最高のとき」にするかが重要です。したがって「人生これから感」は「これから人生最高のときを創る」ために何をどうするか、を考え行動することなのです。

「人生下り坂」から「人生最高のとき」へのまさに百八十度の転換です。

40〜60代に「何歳になっても若々しく、前向きな意識を保ち続けたい」かどうか、を聞いてみたところ、そうしたいという人の割合が83％に達しました。40〜60代の大多数はそう考えているということです。表向きはあきらめ半分の人もたくさんいるのですが、心の中では「何歳になっても若々しく、前向きな意識を保ち続けたい」、そう思う人が8割にもなるのです。まさにそれが今の40〜60代のベースになる意識だといえます。

これを実践し始めているのが現在60代の団塊の世代です。この団塊世代は、世の中ではじめて「私生活」を持った世代といえます。中学生や高校生のときにアイビールックやビートルズの裏情報を知っているヤツが偉くて、勉強ばかりしているヤツはガリ勉と言われて嫌われた世代です。コソコソと家で勉強しなければならなかった。それまでは勉強のできる子が優等生であり、できない子は劣等生と言われていたのが、逆転してしまったのです。「私生活で何かを持っているヤツがエライ」という感覚を最初に持った世代なのです。ところが会社に入るとそうはいかない。やはり会社優先、仕事優先でした。それがリタイアをして若いときにできなかったことを思い出す。まさに本格的に「私生活」主体の生き方が始まったのです。それがギターであり、デジタル高級一眼レフカメラであり、オートバイであり、ガーデニングであり、美術館巡りです。さらに重要なのは夫婦二人の生活です。まさに趣味も夫婦二人の楽しみも、それまで人生で経験してきたことのなかで、自分がなかなかできなかったことを始めているのです。「何歳になっても若々しく、前向きな意識を保ち続けたい」というさきほどの調査にあらわれた意識がそれを支えているのでしょう。

まさに趣味であれ夫婦二人の楽しみであれ、それまで人生のなかでこれぞというものを選びながら自分にとっての「人生最高のとき」を創っていく。もちろん仕事やボランティアという人もいるでしょう。それも義務的なことではなく選びとるものでありたい。その上でさらに、新たなものにチャレンジして「人生最高のとき」を創っていく。「人生最高のとき」が始まろうとしているのです。

もちろん所得格差、資産格差もあります。ただ団塊世代は「一億総中流」と言われ、最も格差が少なくなった世代でもあります。少なくともその子どもたちである団塊ジュニア世代の格差に比べれば小さな差だともいえるでしょう。また、ゴージャスな雰囲気や金持ちをバカにした世代でもあります。とくにそれを見せびらかすヤツはダサいヤツだったのです。だからジーンズが似合うヤツが一番カッコよかったのです。まさにヒッピー文化から生まれた〝チープシック〟という言葉が心に響いた世代だったのです。白いTシャツにジーンズでキメられるヤツが一番カッコイイ。それはカネがあるかないかとは関係ないところでカッコよくなれるかどうか、だったのです。残念ながら「おカネなんか全然関係ないよ」、といえるほど若くはないので、今やそうは言い切れない面もありますが、少なくともその精神は所得格差、資産格差とは必ずしもリンクしないところで「人生最高のとき」を創る素地になると思うのです。

一般的に、今この世代について語るときには、「まだまだやれる」とか、「もう一度青春」などと言われます。しかし、そうした一般的な言われ方自体がやや的外れではないでしょうか。「まだまだ」でもなければ「もう一度」でもない、「これから」なのです。

「人生下り坂感」から「人生これから感」への転換であり、「枯れていく老後」から「人生最高のとき」への大転換です。「人生仕上げの時期」を「人生最高のとき」にするという個人としての大事業です。それは大きなチャレンジです。だからこそ活力が生まれるのです。「何歳になっても若々しく、前向きな意識を保ち続けたい」、40〜60代の8割もの人が抱くその気持ちがそのことを可能にしていくのです。

4 「成熟した人」でなく「センスのある人」になる

40～60代で〝言われて嬉しい言葉〟の1位は「若々しい」、2位は「センスがいい」。かつての中高年へのほめ言葉だった「成熟した」人と言われて嬉しい人は少ない（新しい大人文化研究所調査より）

中高年へのほめ言葉といえば、「成熟した人」が代表的でした。成熟世代などとも呼ばれ、成熟した文化という言い方もあります。一昔前は、ひとつのイメージモデルとして、最高級セダンに乗ってアスコットタイをしながら、奥さんを助手席に乗せて走る初老の紳士という成熟した男性像がありました。

しかしながら、最近はあまりそういう人にもお目にかからなくなってきました。反対に街中の通りで見かけるのは、冬なのにオープンカーでゴーグルにスカーフをなびかせながら走っている姿です。よく見るとその間から銀髪がヒラヒラ舞っています。助手席には奥さんとおぼしき女性も乗っていて、その女性もゴーグルのため美人なのかどうか、おそらくそうだろうと推測するしかない、という光景です。実際、そういう人に話を聞くと、高速道路ではなく街中でオープンカーに乗るのがいいのだそうで、見せたくて走っているのか、と思ってしまうわけです。

40〜60代に〝言われて嬉しい言葉〟は何ですか、という調査をしました。その結果1位は「若々しい」、2位は「センスがいい」、そして3位は「自然体」でした。かつての中高年へのほめ言葉だった「成熟した」人と呼ばれて嬉しい人は少ない。これを最初に調査したのは2003年に団塊の世代に対してであり、その後、約10年、40〜60代に対象を拡大して何度調査をしても、同じ結果が得られました。今や40〜60代の基盤になる意識と言える調査結果です。

「成熟」から「センス」へという意識変化が起こっています。これは、やはり若者の頃の経験に大きな要因があるといえるでしょう。ここではとくに女性に焦点を合わせて見ていきたいと思います。今の団塊より上の世代が若者の頃といえば、多くの人は高校を卒業後就職して事務服や制服に身を包んで会社や工場で日々の仕事に邁進しました。大学はまさに最高学府であり、当時数少なかった女子大生は皆グレーか紺の今でいうリクルートスーツ姿で分厚い専門書を抱えていました。その状況を一変させたのは1967年に来日したツイッギーです。ミニスカートが日本にはじめて上陸しました。今の50代・60代の女性たちは日本ではじめてミニスカートをはいた勇気ある女性たちです。ミニスカートとジーンズが一気に若い女の子たちのファッションになりました。そして1970年に『アンアン』、71年に『ノンノ』が次々に創刊され、主婦誌しかなかったところに、はじめて「女性誌」が登場しました。今書店に行けば平台にところ狭しと並んでいる女性誌はここから始まりました。これを支持したのが彼女たちであり、若者がはじめて〝ファッション〟や〝流行〟という言葉を自分たちの言葉として使い始めたのです。

その先に登場するのが荒井由実さんすなわちユーミンです。ユーミンはニューミュージックの旗手であると同時にファッションセンスという意味でも当時の若い女の子たちをリードしました。当時は新しい音楽とファッションが一体となって若者の心をとらえていました。ビートルズの男の長髪がまさにそうであり、ツイッギーはビートルズ来日の翌年に同じイギリスから日本に来たのです。そのユーミンは最近ベストアルバム『日本の恋と、ユーミンと。』に続き、ニューアルバム『ポップクラシコ』もリリースしましたが、インタビューで「目標は古希でミニスカート」と語っています（日刊ゲンダイ2013年11月29日）。

その上の世代になりますが、「いよよ華やぐ倶楽部」というエルダー女性のファッションショーのNPOがあります。全国でファッションショーを開催し、海外へも市民交流で出かけています。その代表を長く務めた白石禮子さんという女性も70歳を過ぎてミニスカートが似合う素敵な女性です。

ジーンズとミニスカートの世代はどこまで行っても変わりません。ただミニスカートについて男性からひとつ付け加えれば、若いときは、やはり見えそうで見えないところにトキめいたものですが、今はさすがにちょっと、となりかねません。スパッツかオーバーショーツがあれば、さらに自由に活発に動けることは請け合いです。それも自由に動くファッションのひとつでしょう。ジーンズもミニスカートもその気持ちになれば誰でも身につけることができます。ミニスカートまではちょっと、という人はジーンズでいいでしょう。要するに、より気軽に、より自由に、よりセンスよく、です。

最近は、あろうことか90歳前後にもかかわらず「ババくさい服は着たくないのよね」とか「あの店の服はババくさいから嫌だ」と、ビックリするようなことを言う女性もあらわれるようになりました。あなたは何者ですか、と聞いてみたくもなりますが、今後はそうした女性がどんどん増えていき、むしろ、それが当たり前になっていくでしょう。

「成熟」でなく自分なりの「センス」を持とうとする。ミニスカートやジーンズで最初にファッションや流行を自分たちのものにした世代は、成熟した中高年ではなく、これまで以上に「新しいセンス」を見せてくれる「センスある大人の女性」であり続けると思うのです。

5 「若々しくありたい」の先には「自分は若い」と思う、がある

「私は別に若々しくありたいとは思っていません。私は〝若い〟んです」50代女性
（新しい大人文化研究所インタビュー調査より）

前項でみたように40～60代に〝言われて嬉しい言葉〟は何ですか、と聞いた調査結果の1位は「若々しい」でした。とくに女性が高かったのです。そこで50代のある女性にインタビューをしたときに聞いてみました。「やはり若々しくありたいと思っているんですか」と。そうすると驚くべき答えが返ってきました。「別にそんなことは思っていません」。では、どう思っているのですか、と聞いてみたところ、その答えは「〝若い〟と思ってますから」ということでした。若々しいではなく自分は「若い」と思っているのです。もちろん、50代の全ての女性がそう思っているとは思えないのですが、今の50代女性のある種の気分をあらわしているといえます。

自分は「若い」とはっきり言う50代というのは有史始まって以来でしょう。サザエさんのお父さんの波平さんは54歳ですが、お母さんのフネさんは諸説あるものの、52歳という設定だとされています。割烹着を着て、髪を後ろにまとめて頬にはホウレイ線というのがフネさんです。間違っても「私は若い」という答えが返って来ることはあり得ません。「若々しくありたい」という答えすら難しそうです。「こんなオバアサンにわるい冗談はやめてください」と怒られそうです。

今の50代はポスト団塊世代です。当研究所ではポパイＪＪ世代と呼んでいますが、それは雑誌『ポパイ』と『ＪＪ』が創刊されたときにまさに若者だったからです。団塊世代が海外から上陸した男の長髪・ジーンズ・ミニスカートをそのまま若者のファッションとして受け入れたとすれば、それを団塊世代とともに身につけつつ、団塊の後で自分たちのオリジナルなファッションを始めた世代がポスト団塊世代すなわちポパイＪＪ世代なのです。『ポパイ』はアメリカ西海岸の男子のファッションを紹介していました。そこから当時の若者は自分なりにチョイスをしたのです。女の子は、まさに『ＪＪ』によって、ニュートラ、ハマトラというオリジナルなファッションのブームを生み出しました。前者は神戸女学院の女子の比較的フォーマルなファッションであり、後者はフェリス女学院の女の子のカジュアルなファッションでした。そして、サザンオールスターズやユーミンを聞きながら、はじめて湘南や六甲山、そして全国各地の海辺や高原へドライブデートをした世代でもあるのです。女子の大学・短大への進学率が上がり、学園紛争後のキャンパスで大学イコールテニス同好会にし、第一次女子大生ブームを起こしました。大学を最高学府から、あたかも彼氏や彼女をみつけることが中心にあるような「楽園キャンパス」に変えてしまったのが彼ら彼女たちです。

そういう彼女たちは、結婚後もそうした気分を持ち続け、とくに50代になって子育てを終えると同時にまたお友達と盛り上がっています。そういう彼女たちだからこそ、「若々しいではなく〝若い〟のです」と言い切ってしまうのでしょう。

50代で子育てが終わると、妻は夫より一足先に実質的な定年気分になります。今の団塊・ポスト団塊世代は専業主婦率が高いのですが、わが国の主婦は真面目であるだけにそれまで家事と育児に専念してきました。それがようやく自分の自由な時間ができた。しかも、女性の場合には一時期心身を悩ませていた更年期障害も50代前半で徐々に薄らいでいき、ある種の解放感も伴います。そこからお友達づくりお仲間づくりに入り、観劇や美術館・博物館巡りやグルメそして国内海外旅行に一緒に出かけます。

さきほどサザエさんのお母さんのフネさんが52歳と紹介しましたが、現在のその上の年齢の女性を挙げれば、黒木瞳さん53歳、宮崎美子さん55歳、浅田美代子さん58歳、風吹ジュンさん62歳、阿木燿子さんが69歳です。今の女性は年齢を重ねるとどんどん若くなるのかもしれない、とさえ思ってしまうほどです。

若々しくありたい、ではなく「若い」のだ、ということは当然「若づくり」でもないということです。ここが重要です。努力はもちろん重ねているにせよ、無理をして若くしているわけではなく、むしろ「若い」ことが自然なのです。

「若い」ということはどういうことなのでしょうか。さきほど挙げた著名な女性たちを見ていると気づくのは、「自分らしくあり続ける」ということが重要なカギとなっていることです。だとすると高齢者やジジババということで一括りにされない、ということは、「自分らしくあり続ける」ことだ、ということがわかります。

人生の最後まで「自分らしくあり続ける」ようにする。「若い」自分であり続けるために、そこに努力を傾ける。「自分らしくあり続ける」ことによって「若く」あることができる、といえるのです。

6 「見た目」にこだわる

「何歳になっても若々しい見た目でありたい」73%

（新しい大人文化研究所調査より）

現在60代の団塊の世代は「見た目」にこだわってきた世代でもあります。そもそも「見た目」ということを最初に言い出したのは団塊の世代だといえます。1960年代にアイビールックをはじめ、バイタリスやMG5などの男性化粧品というジャンルを確立させたのが団塊世代です。戦後の日本で男の見た目にはじめて力を入れた世代であり、「男がそんなことをしてどうする」「真面目に勉強しろ」と叱られた世代です。今「人は見た目が9割」などと言われますが、その最初のキッカケをつくったのも団塊の世代だったといえるでしょう。

「何歳になっても若々しい見た目でありたい」か、という問いに40〜60代の73%が非常にあてはまる、またはややあてはまる、と答えています。60代だけを限ってみても70%なのです。60代といえば少し前まではオジイサン、オバアサンとされた年代です。実際今でも政府・自治体の規定で高齢者は65歳以上とされています。その60代のナント7割が「若々しい見た目」でありたい、と答えています。これは全国調査であって、首都圏など大都市だけではなく、地方の中小都市の意識が反映されるように配慮した調査の結果です。

やはり団塊の世代が60代になった、ということが従来型の60代イメージを大きく変えようとしているといえるでしょう。「見た目」にこだわり、「カタチから入る」ことを良しとしてきた団塊の世代は、わが国にその数の力と相まって若者文化を創って来ましたが、今また60代をも大きく変えようとしているのです。

たしかに、中村雅俊さん63歳、草刈正雄さん61歳、イルカさん63歳と見ていくと大きく変わりそうな気がして来ます。ちなみに、コム デ ギャルソンの川久保玲さんは71歳、Y's《ワイズ》のヨウジヤマモトさんは70歳です。いずれもバリバリの現役で若者にも先進ファッションを届けています。

こうしてみると、60代だけでなく、60代以上が変わりつつある、といえそうです。まさに、より素敵な見た目をつくるファッションの世界でそうだということは、これから60代以上が「若々しい見た目」であることが当たり前になっていく兆しだと思えます。

これは、「周囲に与える印象」という意味でも言えそうです。たまたま入ったコンビニで若い女子がたくさんいたためにラッキーと思う人はいるかもしれませんが、いかにもジジイ然とした高齢男性があふれるようにいてラッキーと思う人は残念ながらまずいないでしょう。「見た目の良さ」は「相手に対しても好ましい印象」を与えます。

すでに総務省が2013年10月時点で人口の4人に1人が65歳以上人口の高齢者になったと発表しました。高齢化はさらに急速に進展します。上記コンビニの例はあながち例え話ともいえない今日只今も全国のどこかにありそうな現実です。これからの50代以上は周囲への気遣いという意味でも「若々しい見た目」を心がけたほうがいいでしょう。とりわけ女性が「若い見た目」であることは、多くの男性にとっても喜ばしいことです。

「周囲に対する気遣い」、その意味でも「若い見た目」にこだわる。従来は、50代を超えれば〝黄昏中高年・成熟中高年〟が通り相場でした。くたびれた中高年になりがちでした。たしかにそういう印象の人があふれる世の中はあまり歓迎したくないような気がします。ワクワクしないように思えます。

やはり、50代、60代、70代であってもそうは思わせない人たちがたくさんいる社会は何か活力を感じさせます。そういう人たちがたくさんコンビニにいてもわるい印象にはならないでしょう。

くたびれた中高年になることを仕方ない、とせず、また「若々しい見た目でありたい」と思う自分を変人だと思わずに、「センスある〝若々しい見た目〟の大人」へ。それは実は周囲に対する気遣い、さらには社会全体をより活力あるものにしていくという意味でも未来を開く扉なのです。

7 自分は結構イケていると思う

「オバサン」という言葉に違和感があるのは40代女性65％、50代女性55％、60代女性46％。「かつての同年代より素敵な大人の女性だ（素敵な大人の女性になる）」という女性は50代68％、60代67％

（朝日新聞調査より）

40～60代の女性に「オバサン」という言葉に違和感がありますか、という質問をした調査があります。そのなかで、〝ある〟または〝ややある〟の合計は40代65％、50代55％、60代46％でした。徐々に下がりはしますが、60代で半数近い女性が違和感があるとお答えになっています。もうそろそろ70代ということは、結局「オバサン」にならないまま一生を終えるつもりなのかと驚きます。それに続いて、「かつての同年代より素敵な大人の女性だ（素敵な大人の女性になる）」と思うかを聞いていますが、そう思う・ややそう思う、の合計は50代68％、60代67％という結果です。つまり7割もの女性が「オバサン」ではなく、「素敵な大人の女性」だ、とお答えになっているのです。これは朝日新聞のアスパラクラブ会員（当時）への調査で２００７年11月20日の夕刊に掲載されました。２００７年の調査なので、今はもっと増えているに違いありません。

〝マダムラボ〟という生活意識を探るための50代・60代女性の集まりがあります。この〝マダムラボ〟は、女の欲望ラボを設立し各年代の女性の生活意識を長年にわたって探り、しばしばマスコミにもコメントをしている山本貴代氏が主宰し、当研究所がともに企画運営し協力しています。その山本貴代氏が面白いことを言っています。今までは女性にとって20代が一番華やかでそこから60代まで女性は徐々に先細りになっていったが、これからは逆、つまり20代から60代・70代まで末広がりにどんどんパワーを増していく、というのです。自身がアラウンドフィフティの新人類であるだけに説得力があります。

実際、その〝マダムラボ〟で何人かの50代・60代女性が「今の自分は若いときよりイケていると思う」とお話しになりました。つまり、一般的には、若いときが最高で50代・60代になった今、またそれを必死にとり戻そうしている、と思いがちですが、全く逆なのです。むしろ、どんどんパワーを増しているのであり、「若いときより断然いい」と言っているわけです。

なぜそうなのでしょうか。それは、要するに若いときは「拙《つたな》かった」ということなのです。ファッションでも化粧でもなぜあんなにダサかったのか。あるいは、男もそうですが、若くて悶々としていたが、なぜあんなことで悩んでいたのか、今ならいくらでも解決方法を見つけられる。ヘタクソで傷つけたり傷つけられたり、なぜあんなに「愚か」だったのか、今ならもっと違うことができる、という想いです。今や「若い」上に「スキル」も身につけた最強の50代・60代!? になったのです。

いずれにせよ、「若いときにはできなかったことができる」し、「若い人にはできない大人の楽しみ方」も知っています。ただひとつの弱点は体力です。それだけはさすがに20代のときにはかなわないが、その他のことではあらゆる面でそれをカバーしてあり余るものがあるわけです。子どもも独立して時間も手に入り、そして50代以降はもう歳をとらないわけです。その「若さ」と「大人の楽しみ」をこれからさらに発展させていく。パワーを増していくのです。

それは今の若者と比べてもそうでしょう。

今の若者には自分たちにはなかったものがたくさんあるし、また魅力的だと思えることも多いといえます。だからといって彼らにかなわないかといえば、そういうことでもない。それぞれに良さがある、ということです。

「若いときよりイケている」という想いを可能にするのはやはり「人生経験の長さ」です。

経験とそのなかでの工夫努力の蓄積というのは有無を言わせないところがあります。「若いときにはわからなかったことがわかる」「若いときにはとてもできなかったことが容易にできるようになる」、若い人にはわかりにくくとも、「大人だからわかる」「大人だから味わえる」ということがあるのです。

「人生経験の長さ」を自分の「若さ」とかけ算していく。従来は「人生経験の長さ」というと「成熟」「年寄り」となりがちでした。「老け」と不即不離でほぼ同義語だったといえるでしょう。「人生経験の長い人」は「老けた人」だったのです。それを大きく転換し、「人生経験の長さ」を「若さ」とかけ合わせていく。そのことで、「若いときよりイケている自分」になる、「若者にはできないことができる大人」になる、まさに「素敵な大人になる」のです。

8 どこまでも女性を卒業しない

「今一番気になっているのは水着のラインです」60代女性　(マダムラボ調査より)

女性がいつまでも若く美しくある、それは素晴らしいことでしょう。日本人女性の肌は世界中の女性のあこがれといわれます。それは、日本人女性はいつまでも歳をとらないように見えるからだとされます。外国人とくに白人女性がある年齢に達すると比較的シワが目立ちやすくなるのに対し、日本人女性がそうでもないことも影響していると思われます。

数年前の夏のことですが、前項で紹介した〝マダムラボ〟の50代・60代の女性にメールで生活上のことについて意見を聞いたことがあります。そのときに「今気になることは何ですか」と聞いてみました。多くの答えのなかで、ある60代女性に驚きました。それは「水着のラインです」という答えだったからです。20代やまだ30代であれば理解できますが、60代です。もはや60代女性がそう答えるようになったのです。

これはそもそも今の60代が若い頃、女性が色白で家にいることが良しとされていた時代に、水着にサンオイルで小麦色に焼く女の子のほうが素敵だとした最初の世代だからでしょう。まさに、１９６０年代後半に、大きな常識の転換を起こした女性だからそういう答えが返ってくると思われるわけです。若いときに常識の転換を起こした彼女たちは、今また「60代で水着のラインを気にする」という常識の転換を起こそうとしています。

その１９６０年代後半に〝ソニーとシェール〟というデュオでヒットを飛ばしたシェールは、その後女優としても成功しました。そのシェールもすでに68歳です。まさに、もういい歳の女性になりました。ではその歳の女性なりにしているのか、というと、とんでもないのです。２０１３年9月にニューアルバムをリリースしました。そのジャケット写真がなんとランジェリー姿のセミヌードでした。全米で衝撃のファッションなどと話題になったのです。実際、とても67歳（当時）とは思えない清潔感のある美しい写真です。何も一般人がそこまでやる必要もないしオススメもしないのですが、そういうこともあり得る時代になった、ということなのです。

もともと男性はオトコを卒業しません。それは性に関するハゲしい記事も載っている男性向け週刊誌が60代に人気であることからもよくわかります。元気過ぎて少々心配といえるぐらいです。体はなかなか言うことをきかなくなっているはずですが、頭は元気です。これに対し、女性は50歳前後で更年期障害があり、閉経が来るためか、オンナを卒業という気分もあるようです。男性も全く同様で一般的にはたるみも気になり肌のハリもなくなって来ます。

しかしながら、子どもが独立したということは「自分磨き」の時間ができたということです。まさに、これから外見も内面も「自分磨き」をしてもいいのではないでしょうか。夫やパートナーも妻が若いときのままのほうが、あるいは、より美しいほうがいいでしょう。他人が見てもうらやましいと思える妻は秘かな自慢にもなるでしょう。

最近は、エステやトリートメントも多種多様なものがあります。とくに日本女性の肌は米がつくって来たとも言われます。米発酵エキスのはたらきが美しい肌やボディケアに効果的だそうです。また、その日本女性のなかでもとくに沖縄の女性がいつまでも若く見える、と言われます。これはコラーゲンを多く含んだ豚料理をよく食べるからだそうです。こうした日本ならではの食の資源や調理法があるのです。

さらに、日本抗加齢医学会の理事長ご挨拶には「〝アンチエイジングの科学を楽しくごきげんに学ぶ！　実践する！〟をモットーに、学際的で夢のある会にしてゆきたい」（日本抗加齢医学会ホームページより）とあります。海外のアンチエイジングは比較的美容整形になることも多いようですが、日本の場合には体の内面から活力を生み出していこうという本来あるべき姿での取り組みがなされているようです。日本女性が「体の内面からいつまでも美しくある」というのは理想的なあり方といえるでしょう。

若さや美しさを保てるようになったら、ついでに夫やパートナーにもできるだけ素敵でいてもらうようにしましょう。二人で出かけてもサマになるようになってもらいましょう。

エイジレスな美しさを多くの日本女性が持てば、それは世界中から注目されることにもなります。それも無理をするのでなく、やはり「自分なりに」というところが大切だと思われます。「自分の良さを引き出す」ということです。そういう「自分なりの良さ、若さ、美しさ」を持ち続ける女性があふれるようになる。そうなれば、世界中の女性がその秘密を知りたがり、それを求めて日本にやって来ることにもなるのではないでしょうか。政府はビジットジャパンキャンペーンで外国人観光客を増やそうとしているわけで、そうした海外からの訪問客が増えれば、まさに日本全体の活力にもなるのです。

まず日本人女性から、より「自分らしく」、より「若く」、より「美しく」あるようにする。世界中で日本女性がその最短距離にあるといえそうです。日本の女性はこれから何歳になってもどこまでも素敵な「お姉さん」であり続けてほしいと思うのです。

9 肩の力を抜いて自然体でいる

10年後に〝言われて嬉しい言葉〟は「自然体な人」（新しい大人文化研究所調査より）

〝言われて嬉しい言葉〟の調査結果で1位は「若々しい」、2位「センスがいい」ですが、3位は「自然体」です。では10年後にどう言われると嬉しいか、というと、1位の「若々しい」は同じでしたが、2位には「自然体」が上がって来ました。

つまり、「若々しさ」と「センス」も大事ですが、「自然体」であることもそれらと同様に大事だということです。これはしばしば語られる「無理して若づくりをしている」という批判に応えることにもなります。「若々しく」ありたいと思うわけですが、だからといって無理して若づくりをしようと思っているわけではないのです。とりわけ、この先の10年を考えれば、より「自然体」でありたいのです。

この「自然体」というのは、50代以上を考えるときのひとつの大きなポイントです。ごく一部の才能や資産に恵まれた人は別として、人間誰しも10代の頃から勉強でも仕事でも頑張らなければならなくなります。歯を食いしばったり、無理をしたりしなければならないことも多い。試験や仕事上の期限がその前にあって、そこに間に合わせなければならないので、さらに無理をする必要もあるわけです。ところが、50歳を過ぎる頃から多少趣が変わって来ます。人にもよりますが、そんなに無理をしなくてもいいと思えてくる面もあります。ひとつには、定年退職や子育て終了ということで必然的にそうなります。もうひとつは、人生経験を経たことにより、仕事でも家事でもそれなりに処理の仕方がうまくなって余裕が出て来たという面があるわけです。その掛け合わせで比較的無理せずにできる、という気分にもなります。物事を前もって処理する、小分けに処理するなどの知恵もかなり身について来ています。

現実的には、仕事上の期限がなくなるわけでもなく、家庭でも「親の介護」や「子どものパラサイト・離職・離婚」などさまざまなことは引き続き起こって来るので、気が休まらないということもあるわけですが、若い頃のように無理したり、歯をくいしばって頑張ったりというのとは多少異なって来ます。

フジコ・ヘミングさんは若いときに将来を嘱望されたピアニストであり、厳しい母親の期待を背負ってドイツ留学をしていましたが、突然の病などで思うような結果を出せずにいました。その後帰国しピアノ教室を開いていましたが、その様子がテレビで紹介されて、一気にブレイクし、CDを何枚も出してコンサートも開催するようになりました。67歳のときです。そのフジコ・ヘミングさんの言葉がテレビで紹介されていました。それは「いいじゃないの間違えたって、機械じゃないんだから」という一言です。これは相当な技量を備えてはじめて言えることであり、そうでない人が言ってもただの言い訳にしか過ぎないのですが、フジコ・ヘミングさんが言うことで重みのある言葉になります。要するに「肩の力」が抜けているのです。

この「肩の力」が抜けている、というのが50代以上ならでは、なのです。若いときの「自然体」とは少し違うところです。つまり、経験や技量があって、その上で「肩の力」が抜けているので「自然体」になれるのです。若いときの自然体は、ただの下手クソになりかねません。ところがこの年代になると、自然体であってうまいとか、自然体で物事をすすめるので受ける側や周囲も自然に受け止められるということがあるわけです。「肩の力」が抜けている良さであり、持てる技量がむき出しにならない良さです。

団塊の世代が若者のときに、はじめてシンガーソングライターがあらわれました。フォークソングであり、ニューミュージック、ロックです。そのときに良しとされたのは「つくられたスター」ではなく「素の自分」です。ステージ上の弾き語りも自分の言葉そして若者同士の言葉で語られたことで支持を広げました。

「素の自分」を良しとした世代だから、「自然体な人」と言われたい。したがって、最初からあまり「無理して若づくり」はしない。そうでなく、「素の自分」を大切にしながら「自然体」で若々しくセンスよくありたいと思うのです。

経験や技量がありながら「肩の力」が抜けているところがいいわけです。そうした「自然体」であることで、より自分の経験を活かし、周囲の人からも歓迎されるようになると思われるわけです。「肩の力」が抜けていることが、文字通り、〝自然〟に若々しい「自分らしさ」を創ることになるのです。

10 どこまでも年相応にならない　また、そういう自分を変わり者だと思わない

「ディズニーシーによくひとりでグッズを買いに行きます。ダッフィーちゃんが大好きなんです」50代女性

東京ディズニーシーは大人も楽しめるテーマパークとして東京ディズニーランドに併設して2001年に開園しました。最近ディズニーランドも「ディズニーおとな旅」や「3世代で」という呼びかけをしています。そのCMをご覧の方もいるでしょう。40代・50代もどうぞ、ということですが、基本的には女性のお仲間か3世代家族で、ということです。

しかしながら、ある50代女性がひとりでディズニーシーへ通っていると聞きました。年間パスポートを持って一番頻度高く行っていたときは月に2〜3回行っていたといいます。しかもひとりで出かけています。誰のためでもなく自分が好きだから行っているのだそうです。なぜ、通うようにしてまで行くのかというと「ダッフィー」ちゃんに会いに行くのだと

いうのです。ダッフィーちゃんはディズニーアニメには登場しないキャラクターで東京ディズニーシー独自のキャラクターです。聞けば、息子さんに一度ぬいぐるみを買ってきてもらったら、肌触りと抱きごこちが気に入って、それ以来ハマっているのだというのです。グッズを買いに行って、その店でやっているダッフィーちゃんショーを見るのも楽しみで、一緒に写真も撮るそうです。なぜそんなに通うのかといえば、クリスマスやハロウィンなど季節ごとのダッフィーちゃんに会い、季節ごとのグッズも買いに行くのが楽しいのだそうです。そしてネット上のSNSで同じダッフィーファンと情報交換をするのだといいます。20代ではありません。子どもも成人して社会人になった50代の女性が、です。

実はAKB48には40代男性のファンが多いといわれます。ももいろクローバーZ、通称ももクロを中心的に支えているのも40代男性だといわれます。そういえばAKB48総選挙は大量のCDを買う必要がありますが、大量に買うためにはそれだけの経済的余裕も必要です。ちなみに、AKB48の曲には50代以上が聞いても心魅かれる曲がありますが、よく考えてみれば作詞をしている秋元康さんが50代半ばの男性なのですから、当然ということもいえそうです。

こうした風潮に対して若者からは、カンベンしてください、という声も聞こえます。しかしながら、これが今の40代・50代のひとつの側面なのです。もう少しいえば、今日の社会がいつまでも若者社会であるように感じるのは、40代・50代が若者文化と思えるものを自分ごととして支持しているのもひとつの理由であり、もはや今の若者文化は若者だけでつくっているのではないのです。

アイドルは短命が常識でしたが、なぜSMAPがこれだけ長続きするかといえば50代・60代の母親と30代の娘がファンだからです。嵐は40代・50代の母親と20代の娘がファンだと言われ、その人気は絶大です。

あきらかに40代・50代の文化意識が大きく変わろうとしています。では、ここに挙げたような人たちが家族のあり様を破壊しようとしているのかというと、決してそういうことではないのです。片方では子どもの就職を心配して心を砕く母親であり、ごく普通の家庭を持ち子どももいるサラリーマンなのです。個々が家族を支えるために奮闘努力しながら、片方で若い気持ちも持ち続けています。

一昔前の「年相応」という意識が徐々に時代に合わなくなっています。要は「家族でも仕事でも、すべきことをしているかどうか」であって、そこをキチンとしているのであれば「年相応」かどうかで悩む必要もないし、「自分を変わり者」だと思う必要もないのです。

今までの40代・50代はひとりが二つの顔を持っていました。つまり男性では一般に「サラリーマンと父親」、女性では「主婦と母親」です。今まではそれが全てでした。そこに「三つめの顔」が登場したのです。それが「ひとりの自分」であり続ける、という顔です。その「三つめの顔」に個性があり自由もあるのです。最初の二つの顔を大事にする限り、「三つめの顔」は自分を発揮する顔なのです。

この三つめの顔は「年相応」も関係なく、人に迷惑さえかけなければ「変わり者」だと思う必要もない、「自分自身の顔」といえるのです。むしろこの「三つめの顔」を大切にし、どう創るかが「自分らしさ」を持ち続ける大事な考えどころであり、「若い気持ち」を持ち続けることと直接つながることだといえるのです。

11 「イタい」と言われても気にしない

「イタいと思うか、かっこいいと思うかはその人の自由。私たちは美魔女といわれるように一生努力するだけです」40代女性

(北海道新聞2013年4月3日)

「美魔女」がここ数年テレビを賑わせています。「美魔女」は光文社の雑誌『美STORY(現『美ST《ビスト》』)』が2010年に「国民的美魔女コンテスト」を開催して一気にブレイクしました。2013年に第4回を迎え、60歳の美魔女も参戦し最終選考まで残りました。「美魔女」とは基本的には魔法をかけたように美しい40代という意味のようですが、今や海外にもニュースとして流されるようになりました。

こうした美魔女に対してよく言われるのが、「イタい」という批判です。「若づくりをしていて〝イタい〟、美しければ美しいほど「イタ過ぎる」ということになります。主に、男性や若い世代の女性から言われることが多いようです。これに対して、当事者はどう思っているのでしょうか。北海道新聞の２０１３年４月３日にカラーで美魔女を紹介した記事があります。そのなかで実際の40代の美魔女が、「イタいと思うか、かっこいいと思うかはその人の自由。私たちは美魔女といわれるように一生努力するだけです」とコメントしています。要するに「イタい」と言われても言われなくても他人の言うことはあまり関係がない、自分たちは自分たちなりに努力しますと宣言しているのです。実際、子どももいて息子さんたちと楽しくやっている美魔女もいます。子どもたちもお母さんが美魔女だと自慢なのでしょう。

「無理して若づくりをしている」とか、「若づくりはイタい」というのは、きわめて一般的によく見られる批判です。とりわけ、ネット上では盛んにそう言われて盛り上がることもあります。これに対して、当事者はほとんど反応をしていません。どちらかといえば、どうぞご自由に、というスタンスです。すでに60歳の美魔女が参戦するぐらいなので、これからますますこうした人は増えるとみられます。

とりわけ美魔女に限らず、50代で「自分は若々しいではなく〝若い〟のだ」というような意識を持った女性がどんどん出てくることが想定され、男性も従来の50代らしからぬ50代が増えてくることが予測されます。それに比例して、ますます「イタい」という批判も高まると思われます。

しかしながら、その批判に対しては、どこまで行っても「どうぞご自由に」、なのでしょう。なぜ、そうなるかといえば、「無理をして若づくり」をしているわけではない、からです。要するに自然体にしていたら、こうなったというのに近いのです。美魔女も努力はかなりしているわけですが、だからといって無理をしているわけではなく、自然にそういう気持ちになってそうしているわけです。実は美魔女は美魔女なりに自然体なのです。

そこが決定的に嚙み合わないポイントです。

これからも嚙み合うことはないと思われますが、要するに「これまでの常識」と「これからの常識」の違いだと思えるのです。最近、しばしば経験するのですが、こういうことに関しては、若い世代が意外に保守的で従来型の固定観念から抜けられない面が見られます。むしろ大人世代は自分が当事者であるだけに、旧来の固定観念にとらわれずに、新しいアプローチをしています。若い世代と大人世代で保守と革新の逆転現象が起こっているようにも見えます。

大事なことは「従来の固定観念」にとらわれない、ということです。「大人世代の革新」はその全てが正しいかどうかは何ともいえないところですが、ただ、「大人世代の革新」は確実に「大人世代そのものを変えていく」のであり、その恩恵は将来「今の若い世代」が受ける可能性が高いのです。今の若い世代が大人世代になって美魔女になっても、もはや批判をされることはないでしょう。そのときにはそれが何らかの形で常識化している可能性が高いからです。1960年代後半に当時の若者がビートルズやローリング・ストーンズのまねをして男の長髪をしたことで大騒ぎになり、親や学校の先生にハサミを持って追いかけられたという話はよくありました。しかし今の若者が男の長髪をしても、そのようなことをする親も学校の先生もいないのと同じことです。

その意味では「大人世代から世代そのものの革新」が始まっているのです。美魔女はその象徴ともいえるでしょう。大人世代としてもそれが「将来的にもプラスになる」かどうかを考えてみて、それがプラスになるか少なくともマイナスにはならないだろう、と思えば臆することなく進めていってもいいのではないかと思うのです。まさに今「〝新しい大人〟世代」を切り開いているのだと思うのです。

12 新しい日本人の規範を創る

「既成概念にとらわれない柔軟な大人でありたい」77%「モノゴトの本質がわかる大人でありたい」77%（新しい大人文化研究所調査より）

ここまで読んで来て、ある種のもの足りなさを感じる方もおられるかもしれません。「若ければいいのか」「ファッションセンスを磨いていればいいのか」、それではあまりに表面的な人間にしかならないのではないか、ということです。それはその通りです。人間若ければいいというものではありません。見た目がよければいいということでもありません。問題は中味です。その中味の革新があるのか、ないのか、そこが考えどころです。

「なりたい大人像」を当研究所で調査したことがあります。どういう大人がなりたい大人なのか、を40〜60代に聞きました。その1位は「今の自分を幸せに感じられる大人」で82%。2位が「知性・教養を持った大人」で79%、そして3位が同率77%で「既成概念にとらわれない柔軟な大人でありたい」「モノゴトの本質がわかる大人でありたい」「家族や親族を大切にできる大人でありたい」が並びました。そのすぐ後には、「あるがままの自分・自然体の大人でありたい」76％、「若々しい大人でありたい」76％、「常に向上心を持った大人でありたい」75％、と続きます。

「若々しい」ということと同時に、表面的な「若さ」だけでなく、まさに本質的なことを考えていることが読み取れます。そのなかで面白いのは、「既成概念にとらわれない柔軟な大人でありたい」と「モノゴトの本質がわかる大人でありたい」がほぼ同率で並んでいることです。従来の「理想の大人像」をあらわすイメージは「モノゴトの本質がわかる」だったといえるでしょう。しかしそれだけではなく、同時に「既成概念にとらわれない柔軟な大人でありたい」と思う意識が同レベルで上がって来ているところに、「新しい大人」像が見えてくるのです。

一時「モンスターペアレント」が大きな話題になりました。自分の子どものことで、学校や先生に強硬にクレームを付けたり、無理難題を強要しようとしたりする親です。また高齢ストーカーの話題も最近よく耳にするようになりました。女性をつけ狙う高齢男性です。日々のニュースを見ていると、中高年が加害者の事件も多く聞かれます。今の社会では、一昔前は「分別盛り」と言われたしっかりすべき大人のモラルが崩壊しているというような印象を受けます。しばしば若い人たちから、今の大人がしっかりしていなかったからこんな社会になったのだ、という批判をされることがあります。たしかにこういう状況をみているとその批判もやむを得ないか、と思われるわけです。

ところが実際に調査をしてみると、さきほど見たようなことが「理想の大人」「新しい大人」として思い描かれています。全体にはこちらのほうが圧倒的多数派なのです。まさにサイレント・マジョリティです。

しかも、さきほどの調査結果の次に出て来る項目を見てみると「学び続ける大人でありたい」73%、「周囲の環境変化に臨機応変に対応できる大人でありたい」73%、「教養や経験を周囲と共有できる大人でありたい」60%、と崩壊しているかにみえる大人とは対極にあるような志向性を持っています。

ここから「新しい日本人の規範」が生まれて来るのではないでしょうか。この調査は40〜60代という社会の中心的な大人の男女を対象としたものであり、かつ大都市に片寄らないような工夫をした全国調査であって、２７００名を対象としたものです。したがって、それなりに代表性と標準性を持つととらえることのできる数値です。

単に表面的に若々しかったり、若さを持っていたりするのではなく、「既成概念にとらわれず」に「若々しく自然体」で「向上心」と「知性・教養」を持ち続け「周囲や家族を大切に」する「新しい大人」です。これが次の日本人の規範意識になるのではないかと思われるわけです。

個々の規範意識に対して、同感の方もいれば異論のある方もあるでしょう。これは当研究所の調査結果から導き出したもので、多数派の意見を集約しており、一定の普遍性は持っているはずです。とはいえ、個人個人意見は違うので違う見方や異論のあることは当然です。大事なことは、単に「若くありたい」ということだけでなく、本質的なところで、どうも「日本人の新しい規範意識」が生まれようとしているのではないか、ということです。そう考えると、従来の「日本人の規範意識」はいつの間にか消えてしまったように思えるだけに、これからはひとりひとりがその規範意識を創る「主体」になり得る可能性があるということです。誰もがその「主体」になり得るわけです。そのひとりひとりの意識と行動の集合が「日本人の新たな規範意識」を創るのです。

まさに表面的な「若さ」ではない「新しい大人世代」が日本に誕生しようとしているのです。そして、「日本人の規範意識を自分が創っていく」、ひとりひとりがその「主体」としての気持ちで明日から行動する。そう思うときに個人としての気持ちもまた「日々新たにされていく」のではないでしょうか。その「新たな意識」が集合体となったとき、日本に「新しい日本人の規範意識」が生まれるのです。

13 オシャレや化粧は自分のためにする

「ファッショナブルな大人でありたい」55％　（新しい大人文化研究所調査より）

さきほど美魔女について述べましたが、では美魔女コンテストの審査基準というのはどのようなものでしょうか。《「外見美」「知的美」それらを両立、包含する「才色美」な美しき大人の女性たちが美魔女。日本の美しき大人の女性たちが、「もっと胸をはって生きられる、着飾れる、社会に出られる」さらに選ばれし美魔女が、社会で活躍すればするほど社会に貢献できる、世の中のお役に立つ》（「国民的美魔女コンテスト：光文社」ホームページより抜粋）とあります。まさに光り輝くような大きな理想のもとに美魔女コンテストはなされているようです。少なくとも「外見美」と「知的美」の両方が兼ね備わっている必要がありそうです。そのことで「社会に出られる」ようになる、さらには「社会に貢献する」ということがうたわれています。

美魔女になるための努力は、並大抵のものではないと思うのですが、そこまでする理由は何なのでしょう。普通、男性の目から見ると、化粧をするのはいいオトコをゲットするためのもの、そこまで行かずとも、男目線を気にしてのものと推測するわけです。しかしながら、多くの美魔女は既婚者であり、しかも理解があって素敵な旦那さんがいます。しかも、子どもたちもお母さんの周りで楽しそうに遊んでいます。彼女たちは理想的な家族の一員であることに誇りを持っているのです。

どうも彼女たちは、男目線が一身に集まるなかでより美しくありたいと思っているわけではなさそうです。要するに、「自分のために」美魔女であろうとしているのです。まさに自分磨きをしています。それが「家族のため」、ひいては「世の中のため」にもプラスの効果をもたらすという大きな目標も意識しているようです。

それは、男性も同様です。若いときはいかにカワイイ女の子にアピールするかが重要だったわけですが、今や妻もいて子どももいて、そんなことをすると、パパ何やってんの、と変なものを見るような眼を向けられかねません。むしろ、男も自分のためにオシャレをする、そのことで、奥さんや子どもとくに娘さんからも素敵だと思われるようにする、周囲にもできるだけ不快でなく好ましい印象を与える、ということです。

介護保険制度が２０００年にスタートして以来、ここ10年程、介護の現場がさまざまな形で注目されて来ました。そのなかで寝たきりの高齢女性に対する化粧ボランティアというのも多くなされるようになりました。資生堂などの企業も積極的に取り組んでいます。

この化粧ボランティアでよく聞くことですが、化粧をして差し上げると寝たきりの高齢女性の顔が明るくなって来る、ということです。NPO法人日本パーソナルセラピー協会はセラピーメイク（化粧療法）をホームページで紹介しています。「セラピーメイク（化粧療法）とは心理学にメイクを加えたもの。人のココロに生きる楽しみや元気を取り戻してもらうことを目的とした心理学＋メイク技法です」とし、さらに「介護や福祉の現場、また、今回は東日本大震災へのボランティア育成支援を目的に、未来に不安や辛さを感じている人たちへの癒しとココロの支援スキルを身につけましょう」としています。そして、化粧療法によって生まれる変化として「メイクを通じて高齢者の人に生きる楽しみを取り戻せてもらえた。化粧するということで楽しい時間を持ってもらえた。スキンシップで笑顔になってもらえた。メイクはただ化粧を塗るだけだと思っていたが、生きる力や希望を見出せる手段のひとつだと感じた」などを挙げています。

化粧やオシャレは不思議にその人を元気づける力があります。それは「自分のため」でありながら、同時に「社会とのつながり」意識がそこで生まれ、また、ケ（日常）からハレ（非日常）へ向かう気持ちが生まれるからでしょう。

「ファッショナブルな大人でありたい」かどうかを聞いたところ、40～60代女性の55％がそうありたい、と答えています。化粧をする、オシャレをする、ファッショナブルであろうとする、ということは、ハツラツとした「人生の原動力」をつくるひとつの源になるのではないかということです。それはおそらく、自分の気持ちを高め、「社会との関わりのなかで自己表現ができた」という感覚が得られるからだと思われます。

オシャレや化粧を「自分」のためにする。それは単に着飾るということではなく、また、いい歳をして、と非難されるようなことでもなく、社会との関わりのなかで「生きる力」を自分のなかに創り出すことだ、といえるのです。

14 新しいライフスタイルを自分たちから生み出そうとする

40〜60代の94%が「自分なりのライフスタイルを創造したい」。50代女性では、99%に（新しい大人文化研究所調査より）

社会に対して40〜60代はこれまでどういう関わり方をして来たのでしょうか。もちろん、会社・仕事・家事・育児でというのはあるのですが、それ以外の総体としてどうなのでしょう。「自分たちの年齢層は、新しい商品やサービスを率先して消費してきた年代である」と思うか、という問いには40〜60代の74%が「そう思う」と答えています。

今の40〜60代は上のほうから、60代の団塊世代、50代のポスト団塊世代、50代前半から40代にかけては新人類とバブル世代というように、いずれも世の中が右肩上がりのときに若者だった世代であり、若者がトレンドリーダーとされた時代でした。したがって、自分たちの年齢層は、新しい商品やサービスを率先して消費してきた年代である、というのは実感として多くのこの世代にあると思われます。

とりわけ、団塊の世代は、それまで日本に若者文化がなかった頃に、ポップスやロックを世の中の真ん中に持ってきて、男の長髪・ジーンズ・ミニスカートというそれまで影も形もなかったものを数の力と相まって一気に若者のファッションにし、若者文化を生み出しました。それ以降、ポスト団塊、新人類、バブル世代と、それらを応用しながらさらに進化させていきました。

また、団塊の世代が１９８０年前後にニューファミリーと呼ばれた頃は、はじめての友達夫婦を生み出し、グルメブーム、男の料理、テニスブームなどを生み、ワゴン車を本格的に乗用車として使い始めました。これもポスト団塊、新人類、バブル世代と、それらを応用しながら進化させていき、友達夫婦は当たり前、ワゴン車はワンボックスワゴン・ミニバンと進化し乗用車の主流になりました。ハンバーガーやカップ麺、コンビニなども団塊世代・ポスト団塊世代が若者のときに登場し、それが消費の主流になっていきました。

さらにポスト団塊世代は第一次女子大生ブームを起こし「楽園キャンパス」を生み出して、ドライブデートをしました。新人類はサブカルチャーを起こしてオタクを生み出し、アニメブームをつくると同時に、「ベストヒットＵＳＡ」のマイケル・ジャクソンのプロモーションビデオを見て、より本格的に音楽とダンスを融合させました。それがバブル世代のジユリアナにつながっていったわけです。

このように、「新しい商品やサービスを率先して消費し、新しいライフスタイルを創り出して来た年代」なのですが、送り手、創り手の側はもうこの人たちは終わった、今の若者は何を求めているかとなります。自分たち自身も、さすがにもはや若者文化の担い手ではないので仕方がない、と思いがちです。

それはたしかにそうです。しかしながら、むしろ、今の若者は次の若者のブームというそれまでの延長線上ではなく、消費のあり方そのものを次のステージへ向かわせているように思えます。すなわち、新製品や流行に飛びついて先を争って買うということではなく、カーシェア・ルームシェアというような〝買わずにシェアする〟という消費形態です。あるいは買うにしても、軽自動車やケータイなど友人・知人の間や地元で役に立つような消費の仕方です。消費形態の本質的転換ともいえる新たな動きです。とはいえ、これはこれで時間のかかることで、当面は「新製品や流行性消費」と「消費自体の転換」が併存しながらゆっくりと時間をかけて変わっていくと予測しています。

その「新製品や流行性消費」のほうはどうでしょうか。現在の新しい商品としてどのようなものがあるかといえば、プレミアムビールやデジタル高級一眼レフカメラ、アンチエイジング化粧品などであり、これらは実は40～60代が中心的な購買層といえます。ＣＭで話題となったピンクのクラウンは団塊世代に評判がいいと言われます。また、今第3次バイクブームと言われますが、それを担っているのもこの世代です。さらには、後の項でも詳しく述べますが、車種別の今後乗りたいクルマの1位は「ハイブリッド車」であり、リフォーム・建て替え時の変えたい住宅環境の1位は「太陽光などの自家発電にしたい」でした。社会性のある商品に購買意欲が向かっていることがよくわかります。団塊世代ははじめてジーンズを若者のファッションにした世代です。その次のポスト団塊世代、新人類、バブル世代とともに、今度は「大人」の「新しいスタイル」を生み出そうとしているのです。

日本には若者のライフスタイルやファミリーのライフスタイルはありましたが、残念ながら「大人のライフスタイル」は存在しなかったのです。そこがヨーロッパとの大きな違いです。後ほど詳述しますが、ヨーロッパでは、ブランドものも高級スポーツカーもまさに「大人のライフスタイル」から生まれたのです。その意味では、ようやく日本もそういう姿になりつつある、ということもいえると思うわけです。

実際、「自分なりのライフスタイルを創造したいですか」という質問には、40～60代の94%が創造したいと答えました。60代だけでも全く同じ94%でした。50代女性だけをみればナント99%と調査では珍しいほぼ全員という結果でした。リタイアもあり、人生勝役で静かに暮らそうと思っているのかというと、全くそうではなく、これから「ライフスタイルを創りたい」と思っているのです。

まさに日本ではこれから「大人のライフスタイル」の創出が期待されるのです。とりわけ、日本では更地で何もなかっただけに、これまでにない「〝新しい〟大人のライフスタイル」の可能性があるわけです。

かつて日本には全くなかった「若者文化」を創り出し発展させた世代が、今また、日本には全くない「新しい大人のライフスタイル」を創り出す。それは「ワクワクする自分たちの新しいライフスタイル」を創り出すことで達成されるのです。まさに、ひとりひとりが日本における「新しい大人のライフスタイル」創出の担い手になるのです。

15 スマホ・タブレットも自分の道具にする

40～60代男性の40％はスマホを使いたいと思っている
（新しい大人文化研究所調査より）

インターネットも50代・60代で急速に広がって来ました。とりわけ、60代の団塊世代からは、会社に在籍中に、パソコンが導入されたため、いやでも応でもパソコンを使わざるを得なくなったのです。やってみれば意外に簡単で、定年前にはそれなりに慣れてきました。

会社を卒業してみるとパソコンが意外に自分の道具になっています。男の定年は会社と縁が切れて、ああ自分は友達が会社にしかいなかったナアと思ったりするわけですが、しばらくすると、同窓会のお知らせがメールで来たりします。これ幸いと、友人間でメールのやり取りが始まります。メールは意外に便利なもので自分の時間を邪魔されずに、相手とも適度な距離でつきあえます。最近は、フェイスブックも始めて、これがなかなか面白い。毎日お気に入りの風景やおいしそうなレストランの料理をアップします。さらにアマゾンがありがたい。欲しい本を検索すればだいたい出て来ます。お急ぎ便で買えばすぐ到着です。

旅行は国内も海外もネットで調べればかなりの情報は得られます。そして、妻と二人分のホテルや格安航空券をネットで探るのです。

定年後の男性はもちろん人にもよりますが、多かれ少なかれこのようなネットライフをエンジョイしています。60代の男性では、友人知人間の連絡はすでにメールが一般的ですし、アベノミクスでデイトレーダーも増え、60代男性でパソコン利用はもはや生活の一部だ、といえます。

とはいえ、これは男性の場合であって、女性は多少趣を異にします。女性はそもそもパソコンが得手とはいえません。それはこの年代の多くの女性が会社にいる頃はパソコン導入以前で、キーボード操作をした経験があまりないからです。パソコンも夫のものを多少は触りますが、多くはケータイ、それもフィーチャーフォンと呼ばれる二つ折りのガラケーです。ガラケーは五十音順なので操作がしやすいのです。お仲間同士、母娘のメールが日々の楽しみであり、日常の不可欠なコミュニケーションになっています。

こうしたネットライフが今後スマホやタブレットに向かうかに注目しています。40～60代男性に聞いたところ、40％はスマホを使いたいと思っています。スマホは徐々に浸透してきています。当初は使いにくいのでガラケーに戻したと言う人も少なからずいたようですが、スマホ自体の使いやすさの進化とともに使う人が増えているようです。また、タブレットも使われるようになっています。女性はガラケーが主流ですが、聞いてみるとタブレットを使いたいという意向も意外に高いのです。とはいえ、操作が難しそうで自分たちには無理だろうと最初からあきらめがちです。その意味では、今後、より使いやすいディバイスやエルダー世代を対象としたわかりやすい教室が増えることで普及の度合いは高まっていくでしょう。

スマホもタブレットも多少難しそうに思えても、積極的に使いこなそうとすることに意味があります。それは、自分自身への刺激にもなるからです。これはパソコンの使い始めやガラケーの使い始めと同様です。トライしているうちに自分のものになります。この世代向けのスマホ教室やタブレット教室が開催されると満員御礼だという話もあります。積極的に教室に出かけたり、店頭であれこれ話を聞いてみるのもいいでしょう。

では、50代以上のエルダー世代はデジタルライフという意味では一番最後を走り続けるのでしょうか。実はそうでもないのです。今ネットショッピング全体が右肩上がりの状況ですが、そのなかで60代が伸長のカギになり始めています。ある著名なネットショッピングサイトは60代によって売り上げが前年比１３０％になったという話もあるのです。なぜ、そうなるかといえば、購入単価が若い人たちより高いからです。徐々に使い慣れてきて、ネットであれやこれや買い物をするようになると単価が高いことに躊躇することがない世代なので、全体の売り上げを押し上げるのです。

さらに、今後10年、20年というスパンで見ていくと、今の60代も在宅消費に向かっていきます。精神は若くともフィジカルには在宅消費が便利になっていくので、男女ともに今以上にその割合は増えていくでしょう。この先にあるのがデジタル将来形として語られている「スマートテレビ」です。パソコンとテレビが一体となったものです。どちらにしても、パソコンもテレビも融合したものになっていくことはこれから必然だと予測されます。そうなると、現在の60代とくに人口ボリュームの大きな団塊世代は男女合わせて最大のユーザーになることが想定されます。なぜなら、ここではネットショッピングとテレビショッピングがミックスされると見られるからです。すでにテレビショッピングの購入層のメインは50代・60代女性が担っています。また、ネットショッピングは60代男性が全体を押し上げているとみられます。そうするとその融合である「スマートテレビ」は現在の50代・60代が消費の中心層になる可能性が高いのです。

また、商品購入だけでなく、映画のオンデマンド鑑賞なども年齢が上がるにつれて確実に増えるでしょう。電子書籍も、若者はコミックですが、50代・60代は書籍世代だからこそ、字も大きくなるのを便利に感じて積極的に使いこなすことになると思われます。そう考えるとわが国のデジタルライフの将来を中心的に担う可能性もあります。ウェアラブルコンピュータも使いやすければどんどん使うでしょう。要は使いやすいかどうか、すぐ使えるかどうかがポイントです。

「デジタルへの挑戦」は気持ちを若くします。あえて不慣れなことにトライすることで脳も体も活性化します。さらに積極的なスマホ・タブレット活用には社会的な意味があります。それは、「新しい大人世代」のチャレンジが「スマートテレビ」など、わが国の「次のデジタルライフ」を大いに進化させていく可能性があるからです。デジタルの次の扉を開くのもまた「新しい大人世代」である可能性があるのです。

16 つねに何か新しいことを始める

グランマ・モーゼスは70代で絵を描き始め、80代で世界的な画家になった

人間後ろ向きになってはいけない。若いときに人生の先達からそう言われたような気がしますが、むしろ50代以上になってからがそうだ、といえるのではないでしょうか。60代を過ぎたら、その後は成り行き、という考え方もありますが、やはり人間前向きになるところに道は開けます。

グランマ・モーゼスは、アンリ・ルソー、アンドレ・ボーシャンなどと並ぶ素朴派の世界的な画家として有名です。グランマ・モーゼスは日本語訳するとモーゼスおばあさんですが、70歳を過ぎてから油絵を始めた、と言われます。自分の住む周辺の村にあるのどかな田園風景を季節の移り変わりとともに描きました。１９４０年にニューヨークの画廊で個展が開かれるとたちまち人びとの心をつかんだのです。そして80代で世界的な画家になりまし

た。大統領府に招かれ、誕生日が州の祝日にもなりましたが、質素な生活を変えず、農村で絵を描き続けました。101歳で世を去りましたが、ときのケネディ大統領は「彼女の絵と生涯は、国の根源が田舎に、辺境にあることを思い出させてくれた」と語りました（朝日新聞社『世界名画の旅5』P66）。

グランマ・モーゼスは世界的に有名になってやろう、という上昇志向で世界的な画家になったのではありません。70歳を過ぎて趣味で始めた絵がたまたま人々の心に感動をもたらすような絵だったのです。とはいえ、その年齢で絵を描こうと思わなければ決して世界的な画家グランマ・モーゼスは生まれなかったのです。

また、「4．『成熟した人』でなく『センスのある人』になる」の項でご紹介した「いよよ華やぐ倶楽部」とともに、日中市民交流で上海でのファッションショーに挑戦したことがあります。そのときプロの演出家の指導を受けてレッスンをしましたが皆さん大いに盛り上がり、熱心にレッスンに通って来られました。ファッションショーは大成功でした。実はそのなかに軽度の要介護認定を受けた女性がいたのですが、帰国後元気になってその要介護認定をはずされたという話を聞きました。小さな挑戦を一生懸命やっていると、こういうこともあるということです。お仲間がいて挑戦するのは楽しくて素敵なことです。介護予防という面からも私は大きな意義あることだと思います。

要するに、何かにトライをするのに年齢もまた程度によっては要介護認定もあまり関係がないということです。それよりも、何歳になっても、「つねに何か新しいことを始める」ということが重要なのです。そうするとそこには何らかの新たな道が開けるということです。

60歳を過ぎてから絵を描き始めて、有名な絵画コンクールで入賞する女性も出てきています。また、定年退職後大学へ再度行く人も増えて来ました。大学側もそのためのコースを設けるなど受け入れ体制を整えています。なかにはビジネススクールへ行って20代・30代と議論を闘わせている人もいます。

また、趣味を始める人は多いのですが、級や段がある趣味であればステップバイステップで深められます。その先には先生になるという目標も考えられます。そういう目標を持つことができれば、単に時間ができたので趣味をするというのとは少し違うレベルの取り組みにもなります。パソコンインストラクターには、ＳＩＴＡという富士通ラーニングメディアが運営しているエルダーのインストラクターの資格があります。エルダー世代に教えるには、同世代が教えるとどこがわからないかよくわかる、と言われます。今後はまさにスマホやタブレットのインストラクターも期待されます。

趣味を始めて自分なりにきわめるもよし、先生になろうとするもよし、また、若い人たちと交流しようとするもよし。多様な選択肢があるといえるでしょう。いずれにせよ、つねに何か「新しいことに挑戦」をしていくことが重要です。無理せず自分に合った挑戦をしていく。そのことが「自分のなかに活力」をつくることになるでしょう。年齢のせいだとあきらめたり、後ろ向きになるのでなく、何かを始めたり、また、以前やっていたこと、やり損なっていたことを始める、ということもあるでしょう。

グランマ・モーゼスは70代で絵を始めたのです。病気がきっかけだったともいわれます。そう考えれば、何歳であっても、つねに何か「新しいことを始め」てもいいのではないでしょうか。そのことが「新しい道」を開くことにつながっていくのです。

17 会社はリタイアしても社会はリタイアしない

40~60代の情報源はテレビと新聞がダントツ（新しい大人文化研究所調査より）

今までは定年生活イコール家庭でも社会でも觔役扱いでした。当然のことながら、会社のリタイアは文字通り社会の一線を退くということだったのです。ところが、その意識に変化が起こりつつあるようです。つまり、「会社はリタイアしても社会はリタイアしない」という意識です。それを生み出した最も大きな変化は、現在の50代以上のエルダー世代が「メディア生活者」だということです。

リタイア後も日々メディアと接することが、「生活現役感」を生み、「会社はリタイアしても社会はリタイアしない」気持ちを創り出しているように思われます。

戦後、新聞の論調とともに世論を形成してきたのが今の60代・70代・80代です。また、1959年（昭和34年）の皇太子ご成婚で、テレビが一気に日本中の家庭に普及しました。団塊世代が小学校高学年の頃です。そこからはテレビが大きな力を発揮しました。「ローハイド」「サンセット77」などアメリカからドラマがやって来ました。そして「シャボン玉ホリデー」「11PM」などバラエティ番組が花開き、「ゲバゲバ90分」などのお笑いや「寺内貫太郎一家」などのドラマ、そして「オレたちひょうきん族」「金曜日の妻たちへ」などを経て「東京ラブストーリー」などのトレンディドラマにつながります。これらを視聴者として中心的に支えたのが今の40〜60代です。

このマスメディアとともにあったということが、今のエルダー世代や定年生活を大きく変えているのです。団塊世代が定年を迎える時期に日経新聞の部数が落ち込むのではないかという心配がありましたが、実はそうでもなかったのです。それは定年退職しても日経を読み続けたからです。投資情報として必要という面もありますが、やはり社会経済情報として手離せないことが大きな要因として考えられます。

実際、40〜60代に情報源を聞いてみたところ1位が「テレビ」で2位が「新聞」でした。マスメディアと接し続けているわけです。

この上の世代では1位が「新聞」、2位が「テレビ」です。時間もあるので新聞を1時間以上かけてスミからスミまで読んでいます。そして新聞をよく読んで何をするかといえば、投票に行くわけです。これが、「社会はリタイアしない」という気持ちのあらわれです。

これまでテレビでは高齢者イコール時代劇と言われて来ましたが、そこにも変化が起こっています。地上波テレビからは時代劇がほとんど姿を消しました。かわって50代以上でよく見られているのは「ニュースワイド」です。「時代劇」から「ニュースワイド」へ。要するに今の社会の動きに敏感なのです。

この社会の動きに敏感なエルダー世代はリタイア後も社会参加したい、趣味だけではなかなか充足し切れない、という気持ちも持っています。とりわけ団塊の世代はそうです。今までの仕事を続けるという人もいますが、一旦リタイアしているので、さまざまな仕事やボランティアにトライしています。例えば、長年の営業経験とオーディオの趣味を活かし、定年後に小さな音響メーカーの営業担当になった人、あるいは、ＪＩＣＡのシニアボランティアとして自分の仕事の経験と技術を途上国に活かそうとする人、また、オヤジバンドで老人保健施設を訪問して回る人、さらには地域の観光案内人として地域貢献をしようとする人、そして、サッカーチームを立ち上げ、ＪＦＬに押し上げた人もいます。そこまでいけば社会的起業家です。これからは東京オリンピックもあります。すでにボランティア希望の声が上がっています。多くのエルダーボランティアが活躍するでしょう。オリンピックではアスリートのみならず多くの外国人観光客が来日します。英語をはじめ、各国語による街角での道案内に始まり観光案内から日本文化の紹介まで活躍すれば、オリンピックのみならず、その後の日本への外国人観光客増大にも大きな力となるでしょう。

ピーター・ドラッカー教授が、天寿を全うする前に遺言のように言ったことがあります。それは「日本はもう一度世界をリードできる」ということです。なぜなら日本に定年制があるからだという面白いことを言いました。日本は世界に先駆けて高齢化が進展し、そして定年制度があります。そうすると、今まで会社の仕事に従事していた人たちが定年を機に社会的なことに携わる可能性があるだろう、ということです。例えば、ボランティアをする、ボランティアと仕事の両方をする、病院など社会的な組織で働く、などです。そういう人たちがたくさんいる社会ができれば、世界中が高齢化するなかで日本がそのモデルになると言われたのです。

その意味では、さきほど見て来たリタイア世代の動きは、今ドラッカー教授の期待が現実になりつつある、ということもいえるわけです。日本のリタイア世代、団塊世代も捨てたものではありません。

「会社はリタイアしても社会はリタイアしない」ということが始まっています。若い気持ちで、一旦リタイアした人材が社会参加する、とりわけより社会的なことに従事することが期待されます。数の力のある団塊・ポスト団塊の世代の多数派が、今以上に続々と「社会的なことに従事」することが望まれます。「世界をリードする日本」がまさにそこから始まり広がっていく可能性があるのです。

18 自分が将来オジイサン・オバアサンになると思わない

「お年寄り」という言葉が敬遠されて「シルバー」になり、「シルバー」も徐々に遠ざけられて「シニア」になり、その「シニア」も60代でそう呼ばれたい人は12％（新しい大人文化研究所調査より）

65歳以上の人を政府・自治体では高齢者と区分します。そのなかで、さらに65歳から74歳が前期高齢者、75歳以上が後期高齢者と区分されます。後期高齢者医療制度は75歳以上を対象としていました。発表されたときに、75歳以上の高齢者がデモをしたのです。その際、後期高齢者の医療費負担増への反対はもちろんであったのですが、一方で「後期高齢者」という呼び方に対する怒りが語られました。ただでさえ、〝高齢者〟と呼ばれて忸怩《じくじ》たる思いがあるところに〝後期〟と呼ぶとは何事だということです。そもそも高齢者も後期も単なる区分のための言葉に過ぎないのですが、そこに反応したのです。

　また、65歳から高齢者と規定されているわけですが、その65歳ぐらいの人に高齢者は何歳からだと思いますか、と聞いてみると、75歳ぐらいから、とお答えになります。後期高齢者がまさに75歳からですが、「高齢者」という言葉自体が何歳になっても、つねに自分よりは年上の人たちのことなのです。

　もともと「お年寄り」という言葉がありましたが、いつの間にかあまり使われなくなりました。かわって「シルバー」という言葉がありました。シルバーシートがそのシルバーという言葉を広めたのです。しかしそれもあまり使われなくなって、現在は「シニア」という言葉が主流です。それも〝まえがき〟に記したように最近は自分のことだと思わない、という人が増えています。

　要するに、高齢を意味する言葉は、何を言っても使われているうちに敬遠されるようになってしまうのです。これはアメリカでも同様です。今、日本でもアメリカでも使える言葉は、「大人」と「50代」の二つしかありません。〝まえがき〟でも記しましたが、アメリカでは今シニアのかわりに使われる言葉は「50＋（フィフティプラス）」なのです。

　では、もう少し日常生活のなかにあるオジイサン・オバアサンという言葉はどうでしょうか。20代の女性に聞くと、よく言われるのが「自分は将来かわいいオバアチャンになりたい」ということです。では、そのことが間近になってきた50代女性はどうでしょうか。50代を過ぎる頃から誰もそうは言わなくなります。自分に実感のないときは、こんなオバアチャンになりたい、と思ったりもするのですが、50代を過ぎると、そもそも自分がオバアサンになるという実感そのものが遠のいていくようです。「6．『見た目』にこだわる」に記したように、60代の7割が「若々しい見た目でありたい」と思うのは、その証拠なのです。

とはいえ、ただ一つだけ、それが許されない状況がやって来ます。それは孫ができたときです。女性だと50代後半から、男性では60代になると孫の誕生という場面になります。そこに向けて早くから準備を整えるのが女性です。団塊・ポスト団塊世代の女性は孫に「オバアチャン」と呼ばせないのです。「大ママ」と呼ばせるか「名前」で呼ばせるか、です。50代後半から60代女性に孫にどう呼ばせているか、を聞いて「オバアチャンと呼ばれている」という話を聞いたことがありません。とくに現在のこの年代の女性は自分の母親がまだ存命であることも多いのです。そうすると「オバアチャンはあの人よ。私はそうではないのよ」と孫に語りかけます。男性は油断しているために、だいたい「ジイジ」と呼ばれてしまいます。家のなかに「ジイジ」はいても「オバアチャン」はいないということになります。なぜか家のなかにいる高齢者はジイジだけなのです。

オバアチャンは現在の80代・90代ではある程度健在ですが、今後はどうも姿を消していきそうです。男性も孫にだけは〝ジイジ〟と呼ばれていますが、他人から〝ジジイ〟と呼ばれると怒りをもって応える人が大多数といえます。団塊の世代はとくにそうです。そう考えると、もはや日本からオジイサン・オバアサンがいなくなりつつある、と言っても過言ではないのです。日本は超高齢社会になってオジイサン・オバアサンがいなくなる、というビックリするようなことが起こりつつあるのです。

片方ではセンテナリアンが増えつつあります。センテナリアンとは100歳以上の人のことを指します。1963年に153人だったのが、2012年には5万1376人と大幅に増えています。2003年時点でも約2万人なので約10年で2倍以上です（厚生労働省「百歳以上高齢者数の年次推移」より）。これからますます増えていくでしょう。現在、102歳であられる聖路加国際病院の日野原重明先生がその代表で社会的に活躍をされています。そう考えるとセンテナリアンでもオジイサン・オバアサンにはならないかもしれません。

これから先、オジイサン・オバアサンにならない人が増えそうです。それは「非常識」でも「変人」でもなく、それが「次の常識」であるような世の中に、今向かいつつあるのです。

19 オジサン・オバサンと呼ばれても自分のことだとは思わない

（問い）「〝オバサン〟と街で子どもに呼ばれたらどう思いますか？」
（答え）「多分気がつかないと思う」（50代女性）

オジイサン・オバアサンになると思わないの手前には、オジサン・オバサンにもならない、があります。ついこの間まで、女性は25歳を過ぎたら、もうオバサンだ、などと言われましたが、今や隔世の感があります。美魔女コンテストに60歳の女性がエントリーして最終選考まで残る時代になりました。美魔女がオバサンにならない女性の代表選手でしょう。美しい奥さんや素敵なお母さんにはなってもオバサンにはならない、のです。

以前、50代女性に質問して椅子から転げ落ちるほど驚いたことがあります。それは、「〝オバサン〟と街で子どもに呼ばれたらどうしますか？」と聞いたときのことです。「ムカッと来ます」とか「ひっぱたいてやる」という答えを予想したのですが、とんでもなかったのです。その答えはナント「多分気がつかないと思います」でした。自分が呼ばれているとは思わないので気がつかないということなのです。

実は彼女は単身女性だったので、そういう答えが返って来たのであり、既婚子持ちの場合はそれは起こりません。なぜなら、子どもの友達にオバチャンと呼ばれるので、さすがに気がつかないことはないのです。しかしながら、単身とはいえ、50代後半で自分のことだと思わないというのは衝撃的でした。単身か既婚かを問わずにそういう気分が全体を覆い始めているということはいえそうです。

今女性誌で創刊が続いているのは、アラフォー、アラフィフ、つまり40代・50代向けの雑誌です。40代向けは『STORY』、50代向けは『エクラ』『HERS』などに続いて続々と創刊されています。とくに、4年前のアラフォー向け『GLOW』のヒットははずみをつけました。2013年も春に『DRESS』、秋に『GOLD』、そして2014年も春に『オトナミューズ』『大人のおしゃれ手帖』と続いています。これらの雑誌で重要なのは、40代・50代女性向けであるにもかかわらず、「主婦誌」でも「ママ誌」でもない、ということです。いずれも「女性誌」であって、さらに続々と創刊されるほど受け入れられています。これらの雑誌は、どう見てもオバサンが読む雑誌とはいえません。オバサンが読んでも役に立たないことばかりが載っているように思えます。

一方、オジサンはどうでしょう。オジサンはジイジと同様、油断とスキだらけなので、オジサンと呼ばれてしまいます。また、オジサンと呼ばれて、それはそれで結構楽しんでしまう面もあります。OLなどもイジリやすいので両者相まってオジサンの面白さを追求したりします。とはいえ、そのオジサンのなかにもここ10年程前から異変が起きています。それは男性雑誌『LEON』であリチョイ不良《ワル》オヤジです。オヤジとはなっていますが、『LEON』に出てくるのは面白くて愛嬌のあるオジサンではありません。ダンディなオトコです。やはり男性にもオジサンではないオトコがあらわれています。

50代以上になると、子どもが独立するために、好むと好まざるとにかかわらず誰でもひとりの男性・ひとりの女性に返ります。しかしながら、その手前の40代にも異変が起きています。40代は今まで女性であれば、「主婦と母親」、男性であれば「サラリーマンと父親」という二つの顔を持っていました。しかしその40代が三つめの顔を持ち始めています。本書はその三つめの顔を「ひとりの自分」であり続けるとしました。それをさらに一歩すすめる「10．どこまでも年相応にならない　また、そういう自分を変わり者だと思わない」の項では、男性では「ひとりの男性」であり続ける、女性では「ひとりの女性」であり続ける、という顔になります。さきほど挙げた「女性誌」は「主婦誌」でも「ママ誌」でもないのです。まさに、「ひとりの女性」であり続けたいところに応えている「女性誌」なのです。40

代・50代・60代を通して「ひとりの男性」であり続ける、「ひとりの女性」であり続けるという顔が浮かんで来ます。これが、オバサン・オジサンではない40代・50代・60代の新しい顔なのです。

「ひとりの男性」「ひとりの女性」という顔を持ち続けるというのは、人生としてもなかなか愉快なことではないでしょうか。この三つめの顔を持ち続けることでオジサン・オバサンにならない自分になるのです。もちろんさきほど挙げた雑誌を全ての人が読むわけではありません。ただ、方法やスタイルは違えども「ひとりの男性」「ひとりの女性」と意識するときに自分なりの楽しさも見つかりそうです。例えば、男性でいえば、サラリーマンゴルフでなく仲間ゴルフ、あるいは義務の料理でなく好きでする男の料理、女性であれば、子どもから離れたグルメや演劇・コンサート鑑賞など、そして男女問わずにSNSはまさにひとりの男性・女性が語り合う場だと言えるでしょう。「サラリーマン・父親」「主婦・母親」とは違う顔を発揮する場です。もちろん、「サラリーマン・父親」「主婦・母親」として果たすべきことを果たしつつという前提ではありますが、それは同時に、人生に疲れたサラリーマン・主婦にならずに、より魅力的な父親・母親になる道でもあるでしょう。

「ひとりの男性」「ひとりの女性」としての顔を持ち続けるということは、人生の幅を広げることに大いに役立つと思われます。そして、つねに一定の「新しさ」「若さ」を自分のなかにつくり続けることにつながります。そのことはまたその先のこととして、「オジイサン・オバアサンにならない道」を開いていくことにもなると思うのです。

20 先端を走り続けてみる

「2013年11月ポール・マッカートニー日本公演は26万人動員、東京ドームだけで5万人がスタンディングでポールと一体になった」

ポール・マッカートニーの新しいアルバム『NEW』が2013年10月オリコンチャートでトップ10入りしました。70代ではじめてのことだといわれます。まさに先端を走り続けています。ビートルズが『プリーズ・プリーズ・ミー』で全英1位となって以来50年目です。11月には来日し、福岡・大阪・東京で公演し26万人を動員しました。ビートルズナンバーから最新曲までポップで華やかなステージをこなし、日本語を交えた語りに合わせ東京ドームでは5万人がスタンディングでポールと一体となりました。20代とおぼしき若者がポールに聞こえるはずのないスタンドからステージに向かって「ポールありがとう」と叫んでいたといいます。2014年5月の公演は、残念ながら中止となりましたが、突然の中止に怒る人はおらず、年代を問わず日本の多くのファンがポールの体調を心配しました。

皆がポール・マッカートニーのようになるわけでもなく、実際「オレのオヤジと同い年だけど全然違うな」という声も観客席からは聞かれました。しかしながら、ローリング・ストーンズも8年ぶりの来日公演、ボブ・ディランも来日公演と、70代のビッグでホットなライブが続く状況をみると、あながち特別な人の特別なことだけだとも思えなくなってきます。

ボブ・ディランと同様、フォークソングで当時の若者に共感を生んだ「ピーター・ポール&マリー」は再結成してコンサート活動を続けるなかで2009年にマリーがこの世を去りました。また、1971年に音楽シーンに登場したグループ「ウェザーリポート」はジャズとロックの融合であるフュージョンのまさに起点となりました。中心メンバーのジョー・ザヴィヌルは1990年代にはさらに先端のワールドミュージックを手掛け「ザヴィヌル・シンジケート」として東京のブルーノートでもしばしば公演し、世界的に活動を広げるなか2007年に75歳でこの世を去りました。

今までは音楽家も歳を重ねて「円熟味」を増すというような言われ方をすることが多かったわけですが、「先端」を走り続けて生涯を全うするという新しいタイプの音楽家が出て来るようになったといえます。

一般人はどうでしょうか。仕事の面では自営業はある程度可能ですが、残念ながらサラリーマンは定年もあるため、なかなかそうはいきません。しかしながら「私生活」では大いにパワーを発揮しています。例えば、渋谷ヒカリエ、日本橋のコレド室町、全国の蔦屋書店などの新しい大型商業施設、あるいはプレミアムビール、デジタル高級一眼レフカメラ、アンチエイジング化粧品などの新製品、そして韓流や新しい歌舞伎座などのエンタテインメントに押し寄せたり、話題にしたりしています。そもそも先ほど挙げたアーティストの音楽も私生活で楽しむものです。「私生活での先端」が全ての出発点だといえます。

そう考えると最後まで先端を走り続けることはさほど難しいことではない、といえます。音楽は創り手や送り手だけでなく、受け手がいてはじめて成立するものです。ジョー・ザヴィヌルと一緒にワールドミュージックを楽しんだ人たちは先端を走り続けたといえるでしょう。ポールの新曲を支持した人もそうです。

これからデジタルの進化も、より使いやすさの進化を伴うようになると思われます。使い手だからこそ先端を担うということも大いにあり得るのです。

つねに「新しい情報」に敏感で、それにトライし、使い続けるということが重要です。自分ができる範囲でそうした情報に接し続ける。そのことによって、どこまでも「先端」を走り続ける「サビない自分」をつくることになるのです。

21 介護予防・健康ケアを自分のタスクにする

「要介護状態にならないために今後何らかの心がけをしたい」は60代で94％（新しい大人文化研究所調査より）

消費税が２０１４年４月から増税されました。この消費税増税の直接のキッカケは社会保障費の増大です。「財務省によると、（平成）元年に約13兆円だった社会保障給付費の国庫負担は、24年度には約29兆円と倍増し、今後も介護や医療費などの増加により毎年約１兆円近い自然増が発生する見積もりで、社会保障費が財政を圧迫している。（中略）財源として、消費税率引き上げが前提（となる）」（ｍｓｎ産経ニュース２０１３年８月27日）

とにかく社会保障費の増大が大きな問題とされます。消費税増税はまさにそのためのものです。今後も段階的引き上げが議論されています。その社会保障費の内訳は「介護」と「医療」です。この介護と医療がなぜ、今後増大すると見込まれるかといえば、それは団塊世代が高齢化するからです。つまり現在と同じ水準で、団塊世代というボリュームゾーンが医療を受け、要介護状態になれば、莫大な社会保障費が必要だという前提に立っています。

これは前提が前提のままなのでいつまでも議論がすすまない面もあるのではないでしょうか。つまり、前提が変われば、変わる議論なのではないのかということです。

現在の要介護人口の割合が要介護で12・8％、要支援まで含めて17・6％であり、そもそもいわゆる元気高齢者の割合は約8割です。（厚生労働省「平成24年度介護保険事業状況報告」年報より算出）ただし、この要支援まで含めた割合が75歳以上の後期高齢者では31・3％となります。同じ割合で人口の多い団塊の世代が要介護状態になると大変だということです。

団塊の世代を含む40～60代に「要介護状態にならないために日ごろ何らかの心がけをしていますか」と聞いてみました。そうすると82％の人が何らかのことをしている、と答えました。団塊の世代を含む60代では90％になります。さらに「今後何らかの心がけをしたいですか」と聞いてみました。今度は89％の人が何らかの心がけをしたいと答えました。60代では94％になり、ほぼ全員といってもいいレベルです。内容としては「適度な運動」「散歩」「定期健診」が上位3位です。

介護予防そのものが実は介護保険制度がスタートしてからこの10年に浸透した考え方で、

それまではほとんどなかったものです。したがって現状の要介護人口の割合が介護予防という考えがあまりなかった年代で生まれた割合だとすれば、団塊の世代を含む60代の94％が介護予防に取り組みたいと思い、90％がすでに何らかの心がけを実行しているというのは、要介護人口の割合に影響を及ぼす大変大きなことだと言わなければなりません。

もう少しこの動きが本格化すれば、実際に要介護人口が減少する可能性もないとはいえないのです。そしてそれはひとえに団塊世代を含む60代の生活者ひとりひとりが左右することなのです。

実は私自身も40代半ばでがんを患っており、友人知人にもがんは多いので、あまり楽観的なことを言うのも憚《はばか》られるところがありますが、ニューファミリーと呼ばれた頃に最初にフィットネスクラブができ、エアロビクス、テニスなどで健康ブーム・スポーツブームを起こしたのも団塊世代です。その気持ちを行動に活かすのは、ちょっと前の流行り言葉でいえば「今でしょ」ということがいえるのではないでしょうか。自分がより健康になって、要介護状態にもならず、病院のお世話にもならないというのは人生としてひとつの理想です。それが同時に国や自治体の財政を救うことになるのであれば一石二鳥です。

実際、アメリカには、州の社会保障費削減のためにその基本要因が州民の肥満にあるとして、自ら実践した上で州民にダイエットを呼びかけた州知事がいました。わが国ではまさに介護と高齢者医療がそれに当たります。

こういう視点も持ちながら、ジムに通えば、継続する励みにもなるでしょう。リタイア後の社会参加というのは実はこうした自分自身の切実なところが出発点なのです。

その財政の負担はつとに言われるように「若い世代」にかかっていきます。「自分の健康づくり」が実は自分だけではなく「社会に貢献」することになるのです。「自分の健康づくり・若々しい体づくり」が「若い世代に負担をかけない」ことになる。そうであれば、むしろタスクとして「要介護状態にならないように予防する」ことを自分に課してもいいのではないでしょうか。「自分の健康づくり・若々しい体づくり」が若い世代を助け、国や自治体の財政負担を減らすのです。

わが国最大の社会課題ともいえる「社会保障費問題解決のカギ」を握っているのは、実は団塊の世代を含む60代とそれに続く世代「ひとりひとりの体づくり」なのです。

22 それでも体が弱ったら

75歳以上男性で不安が高いのは、物忘れ、目の疲れ／かすみ、残尿感。相対的に低いのは、ストレス、抜け毛、肩こり、肥満、精力減退

女性で高いのは、物忘れ、目の疲れ／かすみ、便秘。相対的に低いのは、ほてり／のぼせ、シミ／そばかす、ストレス

（新しい大人文化研究所調査より）

それでも体が弱ったらどうするのか。これまで「若く」とか「若々しく」と書いてきましたが、年齢とともにどんどん若くなる人はさすがに誰もいないわけです。また、40歳を過ぎれば、視力であれ、腰であれ年齢のせいで体のどこかに変調をきたすのは当然といえます。むしろそうでないほうがおかしいわけです。とくに75歳を過ぎるとフィジカルな面でそれまでとは大きく違って来ます。体のことで病気とまではいえないが、不安になるのはどんな症状かを聞いたことがあります。50代以上80代までの全体では、男性で1位が目の疲れ／かすみ、2位肉体疲労、3位物忘れ／記憶力の低下、4位肥満／体型／体脂肪でした。女性では、1位物忘れ／記憶力の低下、2位目の疲れ／かすみ、3位肥満／体型／体脂肪でした。

男女とも50歳から64歳まではほぼ全体傾向と同様ですが、75歳からはグッと変わって来ます。男性は、物忘れ／記憶力の低下、目の疲れ／かすみ、残尿感／尿のキレ、がトップ3。反対に他の年代に比べて相対的に低いのは、ストレス、抜け毛／脱毛、肩こり、肥満／体型／体脂肪、精力減退。女性で高いのは、物忘れ／記憶力の低下、目の疲れ／かすみ、便秘。相対的に低いのは、ほてり／のぼせ、シミ／そばかす、ストレスでした。

あえて比喩的に言えば、物忘れは激しくなり、目のかすみも進んで来る、男性は残尿感、女性は便秘がますます気になる。一方で、ストレスもなく、肩こりももうしない。抜け毛やシミそばかすも関係ないか、今さら気にしても仕方がない、といったところです。

こうして見ると気楽なようにも見えますが、今まで普通にできていたことができなくなる、という事態に直面し、焦燥感を感じる、あるいはガックリくるということにもなります。かつて赤瀬川原平氏はこれを「老人力」と呼び「忘れることができるようになった」などと考えてプラスに転換しよう、と呼びかけました。

大事なことは、こういうことがひとりに来ることではなく、誰にでも来ることだ、ということです。ひとりに来ればどうしたことか、と焦りますが、誰にでも来るのであれば、当然だ、仕方がないという気持ちにもなれます。病気と同様で、そういうことといかにお付き合いをしていくのか、ということでしょう。

女性の場合には40代半ばで更年期障害ということもやって来ます。これはこれで厄介なもので、気分がすぐれない、とかイライラするとか、いわく言い難い症状が出て来ます。とくにこれは閉経と相前後して起こります。これもいかにお付き合いするのか、です。人によって違うのですが、だいたい50代半ばからだんだん更年期障害もおさまって来ます。

その40代・50代では、緩慢に全体が衰えるというよりも激しくやって来ることがあります。それが脳卒中、脳梗塞、高血圧、腰痛、そして子宮筋腫、がんなどです。

これらは忙しく仕事をしたり家事をしたりすることと並行して、突然やって来ることが多く本人も家族も狼狽します。私自身も45歳で泌尿器がんになりました。まさに切迫した仕事をたくさん抱えるなかでしかも子どももまだ小さかったときです。おまけに妻が子宮筋腫でやっと退院した直後という絶妙のタイミングで地震と大火事がいっぺんにやって来たようなものでした。幸い発見が早く、優れた医師に巡り合えて最悪の事態は免れました。ここで良かったことは、やはり会社関係や個人的な友人・知人・後輩・家族の励ましと支えでした。コミュニケーションはやはり重要です。もうひとつ言えるのは信頼できる医師の処方に従うということと、術後のケアです。退院後1年間は毎日必ず8時間睡眠を心がけました。今ではさすがに毎日とはいきませんが、ひとつの大切な目安にはしています。

無病息災ならぬ「一病息災」という言葉があります。何か障害があるからケアしよう、無理しないでおこう、という気持ちにもなりますし、一病したことで自分にとって何をすべきかもよく見えて来ます。それがないとアクセルばかりにもなりかねません。要はアクセルとブレーキの交互の使い分けが大事だといえるでしょう。自分自身の場合、がんのなかでも悪性のがんという診断であったために、そのブレーキは今でも日常生活のなかで欠くべからざるものになっています。

年代がすすめば、またそのアクセルとブレーキの交互の使い分け方も変わって来ます。そのときどきで、また個人個人に合わせた適切な使い分け方があるでしょう。

日野原重明さんは100歳の記念講演のときにステージの上から演台なしで、立ったままお話をされました。私もぜひそうありたいと思いますが、誰でもそうできるとはいかない面もあるでしょう。ただそういう方もおられるということは、人間誰しもそうなれる可能性はあるということです。無理をすることなく、「アクセルとブレーキの使い分け」をしていくことが大事だといえます。また、何かあっても「焦らない」ことも大事です。とくに75歳を過ぎたら、体に何か変調が来ても「決して焦らない」「当然」という気持ちの持ちようも必要でしょう。

「一病息災」。ひとつ病気を抱えているから気をつけられる。アクセルだけでなくブレーキも踏める。さまざまな事前のケアや予防にも気持ちが向く。「一病とうまく付き合っていく」ことが「健康な未来」をつくることにもなると思うのです。

23 親の介護・介護予防もする

介護家族の5大負担、「肉体的負担」「精神的負担」「時間的拘束」「金銭的負担」「情報の不足」のうち最も負担度の高いのが「精神的負担」であり、負担を感じている女性は81％

（新しい大人文化研究所調査より）

自らは介護予防に努力するとしても親の介護は如何ともし難いところがあります。親が70代後半から先はどうしても、要介護状態になりやすいのです。

当研究所の調査では、40〜60代で、「介護が必要な家族がおり、自分も（が）介護に携わっている」は8％であり、「介護が必要な家族がいるが、自分は介護に携わっていない」は12％でした。合わせれば20％が要介護の家族を抱えているということです。その要介護家族が誰かといえば、自分の親が67％、配偶者の親が32％です。やはり親が圧倒的です。夫婦であれば、最大で4人の親がいるので、誰かがそうなったり、順番になることも多いのです。

在宅介護で社会的に問題とされてきたのは「義父義母の介護」と「老々介護」です。いずれも介護従事者に女性がなることが多かったことがＮＰＯでも研究者の間でも問題とされてきました。

介護家族には当研究所の調査分析から5大負担があるということが分かりました。「肉体的負担」「精神的負担」「時間的拘束」「金銭的負担」「情報の不足」です。このうち最も負担度の高いのが「精神的負担」です。介護従事者では77％の人が負担を感じています。女性すなわち妻はいずれの項目も高いのですが、「精神的負担」は女性のみでは81％になります。

「義父義母の介護」はこの「精神的負担」が最も高かったと言ってもいいでしょう。長年の介護の後で義父義母から「本当によくやってくれて、ありがとう」と言われ、その「ありがとう」の一言で報われた、という回答がこちらの調査結果でもありましたが、実際それを長年続ける努力は並大抵ではありません。

ところがこの「義父義母の介護」に関しては変化があらわれています。この10年間で減る傾向にあり、その傾向がより強くなりそうだということです。

この要因として考えられるのは、やはり団塊世代から夫婦関係が変化していることが挙げられるでしょう。つまり、団塊世代で「見合い婚」と「恋愛婚」の比率が逆転しています。

同時に女性の自立意識を尊重するという雰囲気が夫婦の間にあります。したがって、妻が夫に「なぜ私があなたのお父さん、お母さんの介護をしなければならないの」と突然聞かれた夫は「そういえばどうしてなんダロ」となるわけです。夫は考えた末に親の財産は全部親自身のために使ってもらおう、と思うわけです。そして「介護付き有料老人ホーム」という選択をします。これは「介護するほうもされるほうも楽」という選択になるのです。

団塊世代からは合理的な考え方もあり、またその親もそういう考え方をする人が増えています。ケースバイケースではありますが、親自身も日々の介護で多大な負担を子や嫁にかけるよりは気分的に楽だという面もあるわけです。これからは通称「サ高住」、すなわち介護・医療などの「サービス付き高齢者住宅」も増えて来ます。こうした多様な選択肢を検討することも大いにあり得るでしょう。

実は、私自身も仕事に追われて何もできずに義父義母には老々介護を強いることになってしまい、恥ずかしい限りではあるのですが、妻にも負担をかけるなかで、義父が数年待ちの後に介護療養型医療施設への入所が決まったときはホッとしました。またそこが非常に清潔で綺麗なところで、看護師さんや職員の方々の笑顔やキビキビした対応を見て安心した経験があります。

現実的には介護離職をして面倒をみなければならないようなケースも起こります。かなり深刻でシンドイ状況にもなります。これに対して、最近は介護離職者にアドバイスをする支援コーディネーターもあらわれています。地域包括ケアが始まることでもあり、できるだけこうした外の力や地域での共助を積極的に求めるというのもこれからはひとつの方法でしょう。

要介護状態には転倒によってなることが圧倒的に多いのです。それも、なぜか布団のカドで転ぶというのが多いのです。それだけ足腰が弱っていることが大きな要因でしょう。ロコモティブシンドロームはとくに関節や骨などの疾患による足腰の運動機能の低下を指し、要介護になる要因になるとされています。日本整形外科学会は、運動器の障害予防のためのロコモ予防を呼びかけ、ロコモに負けない社会づくりという趣旨で「ロコモチャレンジ！推進協議会」も設立し、ロコトレという体操をすすめています。要介護状態になる前にこうしたことを親にすすめるというのもひとつの方法といえます。

また認知症も、物忘れと認知症の境目見分けが非常に難しく専門医の判断を仰がなければなりません。いずれも、早め早めの対応が良い結果につながります。まさに夫婦や家族の連係プレーが必要といえます。過度な心配や素人判断を避け、適切な行動と対応が求められます。いざ認知症になってしまった場合は24時間対応になり、目も離せず気も抜けないので大変です。投げられる言葉も妙にホンネが入り混じり二重に辛くなるようなことも起こります。私の祖母も徘徊型認知症で母は大変でした。相手の語る言葉を否定せずにコミュニケーションをとりつつ、専門医や介護士、グループホームや地域の関連施設・団体など外の力を借りることの検討も大切でしょう。

認知症に限らず、ある年齢以上になると、言っていることの辻褄《つじつま》が合わなかったり、あきらかにおかしなことを言われることもあります。ただ、そのときにはそういうものだと思ってあげることも大事だといえます。それを肯定しつつ、軽くでもいいのでコミュニケーションを続けることがよりよい状況をつくることになると思われます。

親にはできる範囲で最善の環境を整えてあげたい。できるだけいい人生だったと思えるようにしてあげたい。思うようにはいかない面もありますが、「自分の親」に対しても「配偶者の親」に対しても、今の自分にできるだけのことをする、ある程度合理的な考え方や「外の力」を借りることも考える。そのときに大事なことは、「早めの対応」と「コミュニケーション」です。いくらいいことでも、突然言われれば、誤解を招くこともあります。場合によっては1年2年と時間をかけて話し合ったりすすめたりしていくことも必要でしょう。「在宅」で介護できるのであれば、できるだけそうしつつ、親にとっても自分たちにとっても「最善の選択」は何かを考え、「外の力」を借りて実行に移すときにも「決して慌てず時間をかける」ということが重要だと思われます。

24 夫婦すれ違いを解消する

「生まれ変わっても今の相手とまた夫婦になりたい夫は51％。できれば別の方と一緒にと思う妻は28％」（新しい大人文化研究所調査より）

「夫婦のすれ違い」現象。これはここ10年ぐらいよく言われて来ました。「熟年離婚」という言葉もよく聞かれます。明日はわが身と思う人もなかにはいるかもしれません。わが国の夫婦は残念ながら「すれ違っている」ようです。40～60代に「生まれ変わっても今の相手とまた夫婦になりたいですか」という質問をしたところ、夫は51％が「また今の奥さんと一緒になりたい」と答えています。ところが、妻のほうはナント28％が「生まれ変わったらできれば別の方とご一緒に」とお答えになりました。「一回で十分です。よくわかりました」ということなのでしょうか。4人に1人を超える割合です。

また、「結婚後相手にがっかりした経験はありますか」ということも質問してみました。

こちらも妻は66％に達しました。しかも、その人たちに「謝罪してほしいですか」と聞いてみたら、そのうちの40％が謝罪してほしい、とまでお答えになりました。

なぜこのようなことになってしまったのでしょう。

今団塊の世代は60代ですが、実は団塊の世代で見合い婚と恋愛婚の比率が逆転をしています。団塊の世代ではじめて恋愛婚が主流になったのです。しかも当時、加山雄三の歌が流行っていたために「僕は君を幸せにするよ」とプロポーズした男性も少なからずいたと思われます。そして結婚したときには恋愛婚の延長として「友達夫婦」になり、子どもができて「ニューファミリー」と呼ばれました。そこまでは良かったのですが、その後のバブルが決定的でした。その頃は中堅サラリーマンになり、部下を引き連れて、銀座・赤坂・六本木・曾根崎新地・すすきの・中洲と繰り出し、家にあまり帰らない人も多く出て来ました。ちょうど子どもが中高生というところで一番難しい時期です。奥さんがどうしても一緒にいてほしいときに不在だったということも起こりました。「僕は君を幸せにするよ」と言っていたはずなのに、実はその陰で「夜の街の別の女性を幸せにしようとしていた」のではないか。それは妻としては「謝罪してよ！」という気持ちになるのも無理からぬことかと思われるわけです。

もちろん実際には仕事に追われていたということも多かったわけで、皆が皆妻とは別の女性を追いかけていたわけではないのですが、いずれにせよ、夫が不在がちだったことに変わりはありません。一般に、わが国の家庭は、夫が仕事か飲みかその両方かで夕食時にいない、夕食は母親と子どもたちで囲むというシーンも多くみられました。家庭は母と子どもでできていて、パパは浮いた存在というのもひとつの典型的なサラリーマン家庭の姿だったわけです。

では、どうすればいいのか。実は当研究所の調査によれば、すでに「夫婦歩み寄り」は始まっています。もともと「夫婦すれ違い」の原因は夫にあったと思われるわけですが、どうもその夫の努力が始まっているようなのです。「最近、配偶者との間で増えた時間」というのを聞いてみました。そうすると60代男性の1位が「食事をする時間」、2位が「会話をする時間」、3位が「相手の話を聞く時間」さらに「普段の買い物をする時間」と続きます。リタイアして家にいるので「奥さんと食事をする」のです。今まではバーやクラブのママがお相手だったのが、今度は本当のママを相手においしい酒と食です。そして「会話」も「相手の話を聞く」もさらには「普段の買い物」も増えています。それに続いて「男の料理」も増えているのです。これは、まさに恋愛婚だからこそということもいえるでしょう。つまり結婚する前のデートをしたときには一生懸命彼女を誘って映画を観て、その後喫茶店に入りシラケてはいけないので汗をかきながら話をしたわけです。それを思い出したともいえそうです。

実は広告の世界などで、最近よくいわれていることなのですが、「夫婦」というキャッチフレーズがどうもヒットしません。「夫婦の旅」とか「夫婦向けの○○」というようなことです。原因を探っていくと、今のこの世代は「夫婦」という言葉を目にすると、勝手に「中年〝夫婦〟黄昏」と読んでしまうようです。とくに女性にあまり評判がよくない。これを「大人の二人」と言うと「アラちょっと素敵ね」となる。男性のほうは、「大人の二人」と目にすると一気に妄想がふくらむ。とはいえ最終的には奥さんと一緒に、となる。つまり多少男女で違いはあるものの、最初の印象はわるくなさそうです。

要するに、男女ともに最初にデートした頃に返る、ということができるといいのではないでしょうか。やはり若い気持ちも持ちながら、人生に疲れた中高年夫婦ではなく「素敵な大人の二人」でいる。それができれば、「ちょっといい未来」が広がっていくといえそうです。

25 素敵な大人の二人になる

「ツーシーターの助手席はナンパのためにあるわけではない。夫婦が大人の二人として乗るためのものだ」

「素敵な大人の二人」のモデルはどこかにいるものなのでしょうか。実はそれがヨーロッパなのです。ヨーロッパにあって日本になかったのがまさに「素敵な大人の二人」なのです。欧米では子どもができるとベビーシッターなどに預けて、夫婦はお出かけをします。コンサートホールも建物だけで成り立っているのではなく、そこに盛装をして行く、オシャレをして行く場でもあるわけです。ウィーンでもパリでもガイドブックに素敵なレストランがたくさん出てくるのは、そうしたコンサートや演劇を観た後に素敵な大人の二人が行くためにあるわけです。

欧州車といえば、ポルシェ、フィアットなどの高級スポーツカーを思い浮かべますが、これらはツーシーターです。「14．新しいライフスタイルを自分たちから生み出そうとする」の項でも少しだけ述べましたが、わが国では、今までスポーツカーが若者のクルマで、ツーシーターの助手席はナンパのためのシートという趣もありました。しかしながら、ヨーロッパでそのような高級車を買うのはリッチなエルダーであり、その人たちが夫婦二人で乗るためのものなのです。

また、ブランドもののファッションも今までわが国では長らく若者のものでした。これがそもそも変だったのではないでしょうか。ブランドものもヨーロッパのリッチなエルダーが顧客なのです。あれほど高額なものをヨーロッパの若者が簡単には買えないわけです。実は、ヨーロッパのブランドものは非常によくできていると言われます。何がよくできているか、というとサイズが豊富だというのです。それはエルダー顧客に対しては必須の条件です。わが国で早くからエルダー対応に成功しているデパートに京王百貨店がありますが、その責任者に聞いたときに、成功のキーファクターはサイズが豊富なことだと強調していました。ヨーロッパのブランドものはそのことを最初からよくわかっていて対応しています。たしかにパリコレのモデルは若いのですが重要顧客はリッチなエルダーなのです。ちょっと幅広のマダムが来店しても「アラ、マダムぴったりお似合い」と言えるから成り立っているのです。

その大人の二人が出かけるのがパーティです。欧米は政治も経済も文化もパーティが支えています。重要な政治のパーティでも奥さんを伴うのが基本です。

ブランドもので盛装しオシャレをしてコンサートホールや劇場に行き、その後、素敵なレストランで食事をします。何かあればパーティに二人で招かれ、休日はスポーツカーでドライブ、これがヨーロッパのリッチなエルダーのライフスタイルでしょう。まさに、ヨーロッパの大人文化のベースは「素敵な大人の二人」にあるのです。

日本は長らく「若者文化」の社会でした。

これは、団塊世代・ポスト団塊世代が若者のときに、その数の力と相まって一気に若者文化の社会に変えたのです。今でもその気分が残っていてマスコミもファッションのトレンドセッターは若者だと思いがちです。しかしながらその数の力を持った団塊世代・ポスト団塊世代が60代になったときに、かつて若者文化を生んだように、今度は「新しい大人文化」を創り出してもいいのではないでしょうか。そのベースになるのが「素敵な大人の二人」だと思うのです。

「素敵な大人の二人」というときに考えておきたいのは「エスコート」です。これもあまり日本の男性には縁がなく、実は私自身も縁遠かったのですが、たしかに欧米ではこのエスコートが「素敵な大人の二人」をつくっています。エスコートはヨーロッパの騎士道に源があります。基本的には何事においてもレディファーストです。クルマを降りるときに、助手席に回ってドアを開ける。レストランに入って奥さんのコートや上着をさりげなく手に取る。奥さんの好きなものも聞きながらワインやメニューを選ぶ。要するに女性に対してさりげない気遣いをする、ということです。

結婚前のデートのときには、拙くはあってもそういうことを一生懸命やって結婚までこぎつけたということもあるわけです。エスコートは旦那がカッコよく見えて奥さんも喜びます。無理せず、さりげなく自分らしくできればいいわけです。この先、それをさらに発展させていけばいいのではないでしょうか。

この年代の夫婦で全て順調に人生を歩んで来た夫婦はごく少数といえるでしょう。多かれ少なかれ山あり谷ありを越えて来たのです。団塊世代・ポスト団塊世代は現役のときのリストラ直撃世代でもあります。だからこそ、ここまで来て「大人の二人」の新しい生活が始められます。だからこそ、「素敵な大人の二人」になることが素晴らしいことなのです。また、同じ顔つきの夫婦はいないわけで、100組100様となるでしょう。そういうバラエティのある「素敵な大人の二人」がたくさんいる世の中は、若者たちから見たときに、自分たちも人生いろいろあってもそうなれるかもしれない、あるいはそうなりたい、という理想の夫婦像を見出せるのではないでしょうか。Aさん夫婦は自分たちとは遠いがBさん夫婦は近くて目標になりそうだということです。それは少子化の時代、なかなか結婚に希望を見出せない若者に対して、結婚に前向きになるキッカケを与えることにもなるでしょう。

若さも持ちながら、ずっと「素敵な大人の二人」でいよう、と思う。そういう人が増え、まさに数の力と相まって「素敵な新しい大人の二人」が世の中にあふれるようになれば、この国はきっと「素敵な国」になると思うのです。

26 仲間コミュニケーションは第3の資本

「今後コミュニケーションの機会を増やしたい」相手として「同世代のプライベートな友人」と答えた人は78%（新しい大人文化研究所調査より）

50代を過ぎると、ライフステージが変わります。子どもが独立していくからです。ここで一旦核家族的なファミリーを卒業します。少なくとも小さな子どものいるファミリーというあり方から次のステージに向かいます。ここで、実はちょっとした問題があります。それは夫と妻とのタイムラグです。夫は60歳あるいは65歳で定年退職ということになるわけですが、妻は実は子どもが独立した時点で実質的な定年を迎えます。家事・育児のうち、少なくとも育児は終えます。しかも団塊世代以降の世代は、夫がいたとしても子育てを終えた時点でなんとなく家事もそろそろ卒業かという気分もあるわけです。これに対して、夫はまだ会社があります。

そうすると奥さんは自分だけがある程度「自由な時間」を夫より先に手に入れます。50代で元気なので、やっと来た私の時間ということになります。そこからお友達づくり・仲間づくりに入るわけです。主に、ママ友と同級生から広がり、これに趣味の仲間が加わります。久しぶりにやって来た自分の時間なので、これが結構楽しいのです。歌舞伎や演劇やクラシック音楽、また美術などに詳しい人もいて、誘われて観劇やコンサート、美術館などに行くと、お仲間同士なので結構面白い。帰りにちょっといいレストランでワインで乾杯しながらお喋りをしていたら、午後の時間はあっという間に過ぎていきます。

男性はどうでしょう。男性はそもそも女性のようにすぐにお仲間をつくったり、仲良くなったりというわけにはいかないものです。そういうコミュニケーションはあまり得意ではありません。定年後ふと気がつくのは、電話をかける相手がいなくなるということ。そうか、友達は会社にしかいなかったナア、としみじみと思うわけです。ただしばらくして「あいつがいた」と思うわけです。それは同級生です。電話をしてみると向こうも定年です。いつか会おうヨ、と話をしていたら意外にその日の夜に会えてしまったりします。お互いに時間があるわけですから。団塊男性が定年を迎えるときに、定年後どうしたいか聞きました。その答えは、つきあいたい世代としては「年代にこだわらずいろいろな人と知り合いたい」、どのように関わりたいかについては「地域・趣味・スポーツ等、様々な世代の人から刺激を受けたい」がそれぞれ1位と、なかなかいい答えが返って来ました。

一般に女性は「お仲間お友達」と「母娘」であり、男性は「同級生」「会社の仲間」と「趣味の仲間」ですが、男性はできれば「より広い年代を超えたお付き合いもしてみたい」といったところのようです。

一般に、エルダーの2大資本は「健康」と「おカネ」と言われます。これがリタイア後の生活の基盤として重要です。実際、定年後の不安や関心事を聞いたときに必ず、トップ2はこの二つになります。それだけ誰でもそこに関心があるということでしょう。ところが、ここにもう一つの考えどころがある、それは「コミュニケーション」です。一般にコミュニケーションの活発な人はリタイア後もハツラツとした人生をおくる、と言われます。逆に数年前に「無縁社会」ということが話題になりましたが、そこで大きく問題にされたのは独居老人です。とくにコミュニケーションのない独居老人の孤独死が問題とされました。そうした事態を将来招かないためにも、ゆたかなコミュニケーションづくりをしておくことは重要です。夫婦も最後はどちらかが一人になります。女性がそうなる割合が高いのですが、逆のケースもあります。社会問題としての独居老人も、とくに問題になったのは男性です。女性はお仲間お友達と楽しく最後までということも多いのですが、男性は孤独な一人になることが起こりやすいといえます。

女性も男性もできるだけ「いいコミュニケーション」を持つ工夫が必要でしょう。その意味でもすでに団塊男性ではパソコン、女性ではケータイになっていますが、ネットコミュニケーションはひとつの有効な手段です。とくに、ネットの場合は、やり方によっては、付き合いを選択したり、適度な距離を保ったりすることも可能です。電話で断られるのは少々辛いのですがメールが返ってこなければ仕方がないと思うわけです。適度な距離を保つことやいつでも脱けられるようにしておくことも大人の知恵です。そして会ったときには愉快な会話ができるようにする。小さなことにみえてこういうことは、かなり重要なスキルです。このスキルを持ちながら、できるだけゆたかなコミュニケーションの幅を広げていくのです。

「ゆたかなコミュニケーション」を持ち続けている人は気持ちもつねにリフレッシュされます。人と会うときは、相手にとって好印象でありたい、少なくとも不快にはさせたくないと思うので、身だしなみにもそれなりに気をつけます。まさに日々のいい刺激を自分で持ち続けることになります。

友人・知人・仲間との「愉快な時間」を増やしていくことで、まさに無縁社会とは無縁の「ハツラツとした生活」を続けていくことができるのです。

27 複数の異性と大人のおつきあいをする

40～60代男女で「異性の友人・恋人」と「今後のコミュニケーション機会を増やしたい」は42％（新しい大人文化研究所調査より）

仲間は仲間でも「複数の異性と楽しくおつきあい」をする、というのはどうでしょう。男性諸兄のなかには「いいんじゃないか」と思われる方もおられることでしょう。「若い頃から一度はしてみたい」と思っていた、あるいは「実はもうかなり進んでいる」という方もいると思われます。女性でもそういう方がおられるかもしれません。面白いのは、エルダーサイトで人気のコーナーは「大人の恋愛もの」です。よく考えてみれば男女ともに同年代の友人や仲間の間で「どう最近恋愛のほうは？」という会話にはなりにくい。まして夫婦で語れる話題ではなく、子どもにはとても話せない。秘かにサイトで楽しむところにその面白さも倍加するのだと思われます。

そもそも〝デート〟という言葉が一般的になったのは団塊世代が若者のとき、１９６６年に山本リンダが歌ってからです。それまでは「逢い引き」とか「ランデブー」、さらには「男女不純異性交遊」という言葉もありました。しかし団塊世代からは女の子が親とケンカしながら「今日はデートなの」と家を飛び出していったのです。そして海の向こうからヒッピー文化などとともにやって来たのは「性の解放」と「フリーセックス」です。乱交パーティが雑誌を賑わせたりもしました。こうした社会的雰囲気のなか、デートが一般化してから数年で「同棲」が流行語となり、とくに地方から進学・就職等で都会に出て来た若い男女に同棲は広がりました。

その結果として恋愛婚が主流となり、「ニューファミリー」となりました。ちょうどその頃に話題になったドラマが１９８３年の「金曜日の妻たちへ」です。東京の田園都市線沿線にある新しい住宅街に住み始めたニューファミリーの夫婦同士がお互いに交流し、そのなかで夫婦同士の関係が絡み合っていく、お隣や友人の妻や夫と関係ができて……、というドラマでした。それまでは「浮気」という言葉があり、それは主に夫がするものでした。これに対して妻すなわち女性もするのが「不倫」です。ここから「不倫」が本格的に始まったといえるでしょう。それは、その次のポスト団塊世代・新人類・バブル世代とさらに加速していきました。今また「同窓会不倫」がよく言われます。同窓会で久しぶりに会って多少話がはずめば、ちょっといいかという気にもなりやすいのです。エルダーサイトで「恋愛もの」が人気というのもこうした背景があるからでしょう。実際、「異性の友人・恋人」との「今後のコミュニケーション機会を増やしたい」とした人は40〜60代男女で42％になりました。半数近い人がそうしたいと思っています。

ではこうしたことはさらに広がるのでしょうか。実は一方で「最近2〜3年で国内旅行に一緒に行った相手」として「異性の恋人・友人」を挙げたのは既婚者では2％でした。2％いれば多いとも言えますが、2％しかいないとも言えます。不倫は「金妻」で始まり、石田純一さんの「不倫は文化だ」発言で頂点に達しました。『失楽園』や『愛の流刑地』も話題になりました。その石田純一さんが「年の差婚」で幸せな再婚を果たし、多くの人が石田さん夫婦の出産を応援するようになった辺りから少々様子が変わって来たような気がします。平たくいえば「不倫」があまり流行らなくなって来たようです。「不倫」から「年の差婚」へ。男性としてはたしかにひとつまた先へ進んだように思うのですが、不倫から結婚へという大きな転換でもあるわけです。

実際不倫は秘かな楽しみであると同時に、一朝事あれば修羅場を迎えることも多いのです。ちょっと気を緩めれば家族や友人に軽蔑される危険性も高い。つねに人生や家族の破綻というリスクと隣り合わせ、ということもいえます。

とはいえ、男女ともに新しい出会いで、なかなか素敵な異性だと思うこともあります。年の差婚ではありませんが、若い素敵な女性と出会うこともあるでしょう。若くてイケメンの男性と知り合うこともあると思います。どうすれば良いのでしょうか。そこに「新しい大人」の経験と知恵が活きてきます。例えば、恋愛関係を微妙に回避しながら男女のコミュニケーションを楽しむという〝技〟です。人生経験はこういうところで活きてきます。人生経験が長いということは意識するとしないとにかかわらず、そういうことができるようになって来たといえます。ことさら恋愛関係にならずとも面白い会話や楽しいおつきあいをするスキルが身について来ました。自分はそこまでは、と言う人も、ある年齢を超えると意外に無意識でそうしているものです。これが実は「大人の愉しみ」であり、「若い頃にはできなかった芸当」であり、「若い人にはなかなかできない」こと、まさに「大人だからできること」なのです。

不倫は恋愛と同様に終わりはやって来ますが、こういうおつきあいは終わることもありません。恋愛関係と肉体関係がなければ、いつまでも「男女の素敵なおつきあい」ができるのです。また、「複数の多くの異性」とのおつきあいもできるようになるわけです。１００人でも１０００人でも好きなだけ、ということもいえます。１９６０年代後半の「性の解放」から、今度は「性からの解放」による男女の新たな関係です。

もちろん、単身者の場合には既婚者と違って、素敵な出会いもあるでしょう。この年代だからできる「素敵な恋」もあると思います。さらに夫婦の仲がいくら良くとも一緒に他界することはないわけです。一般に妻が残ることが多く、高齢になれば単身女性は増えます。その場合に素敵なパートナーに巡り合うということもあります。一緒に住みたいということもあるでしょう。ただし、その場合にも「事実婚」という形態が遺産等複雑な問題を回避する上でも多くの場合に有効です。そこでもお互いをつなぐのは法律上の関係ではなく、「コミュニケーション」です。

いい人生を送っている人は「いいコミュニケーション」を持っている、と言われます。多くの異性ともノーリスクの「愉快なコミュニケーション」を持てるようにする、複数の異性と「楽しく愉快に大人のおつきあい」をする。それがまた若い気持ちを持ち続けることにもなるのです。

28
母娘たまには父息子

「娘が母に求めるのは〝安心感〟だが、母が娘に求めるのは〝会話・情報交換〟〝刺激〟」
母にとって娘は最新トレンド情報の仕入れ先　（新しい大人文化研究所調査より）

母娘コミュニケーションはここ10年ほど活発になって来ました。これからますます関係は太くなるでしょう。〝家を継ぐ〟とか〝長男家督相続〟が意味を失ってきて、日本は母系社会に向かっているのかとさえ思えて来ます。

一般に、娘はハイティーンになる頃から親離れを始めます。父親とは無論のことですが、母親とも距離を置き始めます。会話がだんだん乏しくなっていきます。ライバル視することもあるようです。ところが、成人してしばらくする頃から、母親との関係は徐々に回復します。父親は残念ながらその後です。母親とは一旦回復基調に乗ると急速に親しくなります。結局一番気がおけなくて、なんでも話ができる友達は母親となるわけです。母娘でメールをして母娘でショッピングに行きます。以前新宿駅で手をつないでいる母娘を見かけました。そこまでしなくとも、と思うのですが仲がいいことはわるいことではありません。

母娘でお互いに何を求めていますかと、聞いたことがあります。娘が母に求めるのは〝一緒にいると安心できるから〟が1位でした。それに対し、母が娘に求めるのは1位が〝会話や情報交換によって、お互いにためになると思うから〟で、2位が〝一緒にいると楽しいから・刺激があるから〟でした。娘は母に〝安心感〟を求めていますが、母が娘に求めるのは、〝情報交換と刺激〟です。なぜそうなのでしょうか、それは母が娘を理解しようとしているのと同時に、母が第一次アンアンノンノ世代だからです。つまり、母は若いときにはじめて流行やファッションを自分たちのものにした若者でした。したがって、どこまでも今の流行が気になります。いきなり自分がそれを身につけるかどうかは別として一応知っておきたいし、それを押さえた上で自分の選択をしたいのです。知らないで流行遅れのものを身につけてしまうということだけは避けたいのです。

一昔前の母娘との決定的な違いはそこです。一昔前は母は古い時代の人、娘は新しい時代の人でした。ところが、今の母娘はどちらも新しい今の時代の人なのです。しかも、娘が母のほうから情報提供されることもあるわけです。実際、団塊ジュニア世代の人気商品は「無印良品」といわれますが「母に無印良品をおしえられました」という30代女子がいました。

母娘の共通の話題は〝女性の自立・エコ・ダイエット・ヘルシー〟なのです。ＳＭＡＰや嵐の情報を交換し一緒にファンになります。以前、ファッションの不満について50代・60代女性に聞いたことがあります。そのときに娘の有無で結果が違いました。娘のいない女性の不満は店とデザインでした。要はババクサイ店や服しかないわネと不満を漏らしているわけです。これに対し、娘のいる女性の不満はサイズでした。娘と一緒に最新のファッションビルかどこかへ行って、娘は試着室でピッタリと喜んでいますが、母はお気に入りの服に体が入らなくて怒っているわけです。

さらに孫ができると近居して母は「孫育て・孫ケア」に邁進です。母が娘の家の近くに部屋を借りることもあるし、逆に母の家のそばに娘家族が来てしまうこともあります。そこから今度は女子3世代になるわけです。まさに母系です。

ますますこれから太い関係になる母娘に対し、か細く続くのが父息子です。自営業を別にすれば、息子が社会人になってからは、そもそもお互いに仕事を持っているので、別々の世界で忙しくなります。母娘と違って頻繁にメールをするような必要も話題もないわけです。ごくたまに会って「おう」みたいな挨拶です。ただ、自分たちの父親との関係に比べるとスタンスは変わって来ています。つまり、自分たちの父親との関係はある程度上下関係を持っていました。それに対する反発もあったでしょう。しかしながら団塊の世代からはまさにニユーファミリーであり、息子との関係は最初から友達親子でした。そのために、友達感覚がありました。家で飲みながら話をしたり、ときとして外へ一緒に飲みに行ったりという関係は密度の濃さでは母娘には遠く及ばないものの、それなりにいい関係でもあるわけです。

母娘でも父息子でも、そこで得られることは、直接若い人の考えややり方を知ることができる、ということです。自分たちから見れば何をやっているのか、と思うこともあるわけですが、一歩下がって今の若い人の考えなのかと思うと、それはそれでなるほどと思わされることも多いといえます。片方では自分たちの考え方やこれまで経験して来たことで伝えたいことはしっかり伝えていく姿勢も必要でしょう。それは必ずしも時代おくれの古い情報ではなく、無印良品のように、「意外に新鮮」だったり「新しい考え方」だったりすることもあるわけです。

「最新情報」を交換しながら、「知恵や経験も交換」していく新しい親子関係がそこから生まれます。ニューファミリーではじめての友達親子を創り出した世代は、今また、「大人の新しい友達親子」になろうとしています。それはまた「新しい家族関係」を創り出すことにもなるのです。

29 祖父母が子ども家族の面倒をみる新３世代へ

今後希望する子どもとの居住関係は、60代で同居が10％に対し、近居は42％（新しい大人文化研究所調査より）

今まで、祖父母といえば子ども家族に面倒をみてもらうよきお年寄り、というのが常識でした。それが今大きく変わろうとしています。

それはまず希望する居住形態にあらわれます。これまでは、「２世代・３世代同居」がひとつの望ましい居住形態でした。子ども家族を中心に面倒をみられる祖父母が２階に住むわけです。食事を運んでいったり、たまには一緒に団欒《だんらん》という具合でした。ところが、団塊世代からは希望する居住形態を聞くと「同居」よりも「近居」の割合が圧倒的に高くなります。お互いのプライベートは邪魔したくないが、いいコミュニケーションは持ちたい、それが「近居」志向です。隣居とひと駅の距離の両派があります。今後希望する子どもとの居住関係は、60代で同居が10％に対し、近居は42％でした。

さらに中味が大きく変わろうとしています。

まず一つは孫のできた祖父母とはいえ、自分の親が存命であることが多いのです。４人いる親のうち、とくに実母と義母です。その面倒はみなければなりません。要介護であったり、それに近い状態であったりすることも多いのです。兄弟姉妹のうち誰が引き取るか、誰が面倒をみるか、ということはどこでも起こり得る大きな問題です。

もう一つは子ども家族の変化です。とりわけ、嫁または嫁いだ娘が仕事を続けています。20代後半から30代は仕事という面では面白くもなり、中堅として活躍を始める年代でもあります。そのときに妊娠します。仕事は続けたいが、子育てと仕事が両立できない、どうしようということになるわけです。待機児童とそれを解決するための保育ママや幼保一体化などが大きな社会問題にもなっています。そこに登場するのが祖母、とりわけ、子育てママの実母です。この祖母が「孫育て・孫ケア」を引き受けるわけです。そのときに近居が役に立ちます。自分の母に預けておけば一番安心です。しかもミルクのことや紙おむつのことも母親なら何でも相談できるし、頼むこともできます。祖母が近くにアパートを借りて近居することもあるし、逆に、祖父母の家に孫の誕生とともに娘家族が近居して来ることもあります。

これを母娘両者が自嘲気味に語ることが多いのですが、そもそも若い母親が乳幼児を１０

０％育児すべし、ということ自体が戦後日本の核家族のなかに見られた特殊な現象ではないでしょうか。育児は歴史的にも社会化されて来たのではないかと思うのです。アメリカではベビーシッターが社会に根を降ろしています。日本でも農家では嫁は働き手であり、乳幼児は祖母が面倒をみていました。その意味では、わが国では母娘による「２世代子育て」という新しい形態が生まれているとみることもできるのではないかと思うのです。

要するに「子ども家族に〝面倒をみられる〟祖父母」から「子ども家族の〝面倒をみる〟祖父母」へと大きく変化しているのです。

祖父母と子ども家族の関係も今大きく変わろうとしています。今までは「元気な核家族といたわるべきお年寄り」だったのが「夫婦とも多忙なファミリーと元気で金時《きんとき》持ちのエルダー」へ、です。今までは、休日に出かけるといえば、ワンボックスワゴンで家族４人で家を出て、途中で祖父母の家に寄り、足腰が弱り気味の祖父母をゆっくり後部座席に乗せて行楽地へ、ということでした。ところが、今見て来たようにヤングパパだけでなくヤングママも忙しい。土日はグッタリだったり、出張ということもある。子どもは「どこかへ連れてって」と泣き叫んでいる。困ったヤングママは自分の親に電話をする。孫のためなら、祖父母は朝の６時にやって来ます。それも定年記念に買った真っ赤なスポーツカーで。スゴイと興奮する孫を乗せて、テーマパークへ祖父が高速道路を疾走します。孫が「ジイジ、コワイよ

きゃどうするんだ！」と孫を一喝します。テーマパークへ着くと、これまでの祖父母は広い

う」と言っても制限速度の範囲であればお構いなし、祖父は「高速道路でスピードを出さな

ねエ、人もたくさんいて大変、と溜息をつきましたが、団塊世代の祖父母は違います。テー

マパークを熟知しているので、孫にまずあのアトラクションを目指せ、早く行って並べ！

と指令を出すのです。

「子ども家族の〝面倒をみる〟祖父母」には気力も体力も必要です。その足りないところは知恵でカバーです。祖父母で相互協力も必要でしょう。とても人生下り坂感に浸っている場合ではありません。気力も体力もさらに充実させる必要があります。とはいえ、そこは人生経験を活かし、うまく手も抜きながらでしょう。まさに「新しい祖父母」による「新３世代」がすでに始まっているのです。

30 新3世代は〝教えてほしい〟が秘密の扉

孫の祖父への希望の1位は「自分にない技能や自分の知らない事を教えてもらいたい」（新しい大人文化研究所調査より）

孫は一緒にいるだけで楽しい、自分の子どもが小さいときもかわいいと思ったが、孫はそれ以上というのは、いつわらざるところでしょう。今の祖父母は、その孫とどういう関係になっていくのでしょうか。すでに述べたように、50代・60代女性は孫にオバアチャンと呼ばせません。そして孫と何をしているか、これが大きく変わろうとしています。

前田美波里さんはインタビューのときに「孫のファッションコーディネートをしています」と言っていました。今までの祖父母は、よくわからずに「高い洋服」や「テレビゲーム」を買ってあげました。6ポケッツなどと言われ、高いおカネを払う存在でした。それ自体が変わるわけではありませんが、最大の変化は、「よくわからずに欲しいといわれた洋服やテレビゲームをそのまま買ってあげる」ところから、「孫に合うものをしっかり自分で選んで買い与える」ところへの転換です。

しかも、団塊・ポスト団塊世代の女性はアンアンノンノ第一世代であり、はじめてファッションや流行を自分たちのものにした世代です。「あなたはスカートよりもパンツが似合うわね」とか、「春はこれにしたから、夏はこれにしましょうネ」となるわけです。

また、1980年前後にヒットした最初のゲームが「インベーダーゲーム」です。当時団塊の世代はすでにサラリーマンでしたが、外回りの途中で喫茶店に入って、俺たちは時間がないんだと高校生をどかしてチュンチュンやっていました。「みんなのGOLF」や「電車でGO！」は彼ら自身の現在のヒットゲームです。コンピューターゲームもよくわからないものを買ったりはしないのです。孫の教育を念頭に、エディテイメントソフトをじっくり選んで買うのです。

団塊の世代からは、ディズニーを教える、ビートルズを教える、スターウォーズや007を教えるということも可能となります。ジャンルによっては父母より詳しい、今までにない祖父母です。

祖父母が孫に将来の教育費をまとめて贈っても課税されない制度を使った商品「教育資金贈与信託」の贈与額が、2014年6月までに、なんと5000億円を突破したそうです。

国の私学助成の年間予算額（14年度で約4400億円）を超える規模に膨らんでいます（朝日新聞2014年8月1日）。「教育資金であればヨシ！」という気持ちなのです。

肝心の孫のほうは祖父母に何を求めているのでしょうか。そもそもお互いにコミュニケーションを増やしたいかどうか、を調査したことがあります。常識的には、祖父は孫との関係をもっと強くしたいが、孫のほうは敬遠気味、と思いがちです。ところが結果は全く逆でした。たしかに「祖父から孫」は84％と高かったのですが、「孫から祖父」は95％とそれをかなり上回ったのです。「孫は祖父を求めている」のです。

さらに重要なことがわかりました。孫は何を祖父に求めているか、です。一般には、高い服やテレビゲームを買ってあげることだ、と思いがちです。ところが、実は求めていることの1位は「自分にない技能や自分の知らない事を教えてもらいたい」でした。要するに孫は祖父に自分の知らないことやできないことを「教えてほしい」のです。孫はきわめて健全なことを求めています。祖父母から何かを教えられることは、孫にとっても大いに嬉しいことなのです。

何を教えるかはそれぞれの祖父母・孫次第です。アニメ、映画、ポップスやロック、料理、サッカー、野球や釣り、将棋、さらにはSLとさまざまでしょう。ちなみに、祖父母世代自身が伝えたいこととしては、当研究所の調査の結果では、「礼儀作法」「日本人の心や日本の素晴らしさ」がきわめて高く、男性はそれに続いて「歴史、パソコン」、女性は「料理、手芸」が高かったのです。その意味では祖父母世代もまた非常に健全なことを伝えたいと思っています。孫の教えてほしい欲求と祖父母の伝えたいことの両方が噛み合えば、素晴らしい関係が生まれる可能性があります。

また団塊・ポスト団塊世代は、子どもの頃、森や川でカブトムシやザリガニをとった最後の世代でもあります。既にその子であるヤングパパママ世代はそれらをデパートで買ってもらった世代です。その意味では、里山探検で自然学習もできるでしょう。今後は、洋画に出て来るような、孫と釣りをしながら人生の機微や女の子の気持ちを教える祖父もあらわれそうです。

孫は「教えてほしい」と思っています。団塊世代は上から目線で教えるということでなく、友達親子を始めた世代です。子どもの団塊ジュニアも友達親子です。そうであれば、祖父母と孫も従来にない友達感覚の「孫友」になるのではないでしょうか。友達3世代です。友達感覚でちょっと人生の先輩から教える、教え合う、そのなかでは、教えるほうも日々あれこれ考えつつ、というのはそれ自体がちょっと刺激的な脳活になるわけです。

これから「孫に教える」ことを中心に、「孫友」による新しい「祖父母と孫」関係が創り出されることになりそうです。

31 デジタル新3世代へ

「核家族」から「新3世代ネットワーク家族」へ（新しい大人文化研究所レポートより）

「核家族」は戦後日本の標準家族でした。

パパとママと子ども二人による家族です。今でも多くの人は家族といえば多かれ少なかれそういう姿を思い浮かべるでしょう。ところがこういう標準世帯は減少傾向にあり、今最も多くなっているのは単身世帯です。

今後50代以上人口がますます増えていき、子どもが独立する世帯が増加する、さらに、65歳を過ぎれば配偶者に先立たれることによって単身世帯も増えていき、ますますこの傾向は強まるでしょう。

とはいえ、そのなかで、「近居」をはじめ、世帯は別でもコミュニケーションは持ちたい、という傾向はますます強まるといえます。それを可能にするのがデジタルコミュニケーションです。今までは、同居したり、顔と顔を合わせていなければ血の通ったコミュニケーションにはならなかったのですが、パソコンやケータイによって、離れていてもつながるようになって来ました。この傾向は今後もますます強まるといえます。

「大家族」から「核家族」へ、そこからさらに「新3世代ネットワーク家族」へ。これは、日本の家族形態の変化を言いあらわしたもので、「家父長制の大家族」から「親に従う子というカタマリとしての家族」へ、さらに「自立した個人が構成するゆるやかな家族」へ、という変化を意味しています。

そうした本質的な意味だけではなく、実際のデジタル活用という意味でも、今「ネットワーク家族」になろうとしています。核家族では祖父母世帯との断絶、つまり子ども家族が忙しくて全然電話して来ないという事態が起こりがちでしたが、「新3世代ネットワーク家族」では3世代がデジタルを活用しながら緩やかにつながっていきます。

50代・60代女性は、「お仲間」コミュニケーションともう一つ「母娘」というコミュニケーションを持ち、それぞれ関係が太くなってきました。そこで大活躍しているのがケータイです。最初は通話でしたが、そのうちメールを使うようになりました。娘からもお仲間からもメールが来ます。返さなければなりません。すでに、当研究所の調査では5年以上前の時点で、団塊女性のケータイ使用は1位メール、2位通話でした。また、今始まりつつあるのは、フェイスブックやＬＩＮＥです。これも娘が始めたために母も始めます。

　今まで、運動会・学芸会といえばパパの出番でした。その日パパはカメラマンです。ママは、お弁当を用意して祖父母にも声をかけて家族全体の幹事役でした。ところが今はママが仕事で忙しく、パパがお弁当係です。カメラはどうする。そこで祖父母の出番です。そもそも祖父は自分がパパのときに幼稚園から中学校まで11年間のキャリアがあるわけです。アナログ一眼レフカメラがデジタル一眼レフカメラに変わっただけです。アングルもシャッターチャンスもバッチリ。処理のパソコンも、使える時間があるためＤＴＰ（デスク・トップ・パブリッシング）も余裕。その上、今度は祖母も参戦です。時間があるのでフォトブック制作法を習得します。カットも吹き出しもコメントも、祖父母で楽しく編集です。これを子ども家族の家へ届けに行けば、孫も子どもも大喜び。今度は学芸会、クリスマス、正月となります。そして、それらの段取りはすべてメールかＬＩＮＥでやり取りするのです。

　近居の場合は、日常の買い物や子どもの送り迎えの連絡もスマホやタブレットが活躍です。メモアプリやホワイトボードオンライン通信で、ホワイトボードの共有をします。

　さらに今後はウェアラブルデジタルが進化します。これは今のＧＰＳケータイの進化形として子どもや高齢者の外出時の緊急対応には大いに役立つことでしょう。

　また将来的には、「15．スマホ・タブレットも自分の道具にする」に書いたように、テレビとパソコンが一体化した「スマートテレビ」に向かいます。それだけでなく、家電がネット化したり、電力計から「スマートメーター」への転換も国の政策とともにすでに始まっており、通信機能が付いて、家電の使用状況や電力需給状況もチェックできるようになっていきます。これらが近居であれ、遠居であれ、将来はネットで子ども家族の世帯ともつながるようになる可能性もあるでしょう。

そうなると、近居・遠居を問わず、在宅デジタルで自宅と子ども家族宅をコントロールするのは祖父母の役割になるかもしれません。現時点では高齢者を見守るデジタルですが、これからは逆になる可能性があります。団塊の世代からとくに男性はパソコンが普通に使えるわけです。女性もケータイに始まりそれなりに使えます。そのエルダー世代が時間に余裕があるために、デジタルを通じて「自宅と子ども家族宅のコミュニケーションと安心安全のコーディネーター」になるのです。

すでに保育所では、備え付けのカメラで子どもの現在の状況がリアルタイムでパソコンやタブレットの画面でチェックできるようなサービスも始まっています。とはいえ、ヤングママは就業時間中です。そこで祖父母の出番です。時間のある祖父母がチェック役をする。それは通信なので、遠距離でも可能になるわけです。

このように画面を見ながら子ども家族の安全をウォッチし、何かあれば対応する、必要に応じて適宜メールをしたり、ということです。

イタリアでは、ママンつまり祖母が３世代家族の切り盛り役です。沖縄ではオジイオバア不在では地域のつきあいができません。地域社会や家族のなかで不可欠な役割を果たしているのです。だから精神的にはいつまでも若いのです。それと同様の役割をこれからはデジタルコミュニケーションで果たしていく可能性があるのです。

デジタルの進化は家庭での新しく大事な役割を提供するようになります。とても人生下り坂感に浸ったり、独居老人をして孤独になっている場合ではありません。「核家族」から「ネットワーク家族」へ、そのなかで、祖父母がホームデジタルを中心に担うのです。「新３世代家族のコミュニケーションと安心安全」を守る役割を担っていく可能性があるのです。

32 おカネに働いてもらう

団塊含む60代男性は退職金の17%を投資運用へ　(新しい大人文化研究所調査より)

アベノミクスはなぜこれだけホットになったのでしょうか。一部の機関投資家や富裕層だけでは、ここまでにはならないのです。多くの個人投資家が支えたために社会現象になりました。その個人投資家は誰かといえば団塊世代なのです。2013年6月の各社株主総会は分散開催となりましたが、そこに団塊世代の個人投資家が押し掛けた、と新聞でも大きく報じられたことでそれがわかります。

実は、2007年から団塊定年が始まったのですが、期待した団塊消費は空振りだったとされています。そもそも定年退職して収入がなくなるか減るのに、おカネをどんどん使い始める人はいません。最初からやや送り手のほうの期待過剰だったのですが、翌2008年のリーマンショックは決定的でした。団塊男性は定年退職したら株でひと儲けして奥さんをビジネスクラスに乗せて海外旅行へ行こうと思っていたのですが、そうはいかなくなったのです。そこからジッと我慢の子でしたが、やって来たのがアベノミクスです。ここぞとばかり投資意欲を爆発させました。

さらにＮＩＳＡ（少額投資非課税制度）が２０１３年12月26日スタートしましたが、当日のロイター通信は「日経平均は（中略）約６年１ヵ月ぶりに１万６１００円台を回復した。（中略）個人マネーがＮＩＳＡを通じて市場に還流したとみられている」と報じています。主要証券10社で、開始から６ヵ月間で口座を開いて実際に株式や投資信託を買った投資家が１０５万人にのぼりました。その内訳は60代以上が６割近くを占めるそうです（日本経済新聞２０１４年７月25日）。アベノミクススタートとその１年後のＮＩＳＡと連続して投資意欲が喚起されました。ちなみに、アベノミクススタートのときは、夫のみでしたが、ＮＩＳＡは妻も参戦です。口座開設者の女性比率は、なんと43％なのです。これからは、夫婦一緒に投資運用です。

退職金の使い方について聞いてみたところ、団塊を含む60代男性は退職金の17％を投資運用へ回すと答えています。これまで高齢者といえば、「退職金＝貯蓄＝塩漬け」でした。それがわが国の１４００兆円という個人資産を生んだのですが、塩漬けではおカネは回りません。それが団塊世代からは、貯蓄もするが同時に投資もするわけです。定年後生活全体でも男性は17％投資運用し続けると答えています。

団塊世代からは「おカネにも働いてもらう」という意識が高まっています。しかも、団塊世代からは夫だけでなく妻も投資マインドを持っています。ただ、面白いのは運用先が微妙に異なっていることです。団塊世代の定年時に聞いてみたところ、基本的には3大運用先は株・投資信託・定期預金です。このうち、男性の1位は株であり、女性は1位が定期預金でした。ここから「冒険夫とガッチリ妻」という構図が見えて来ます。妻も投資マインドはあるが、まずはガッチリ行きたい、その上で投資をしたいということです。

リーマンショックのときは、その妻の発言権が大きくなりました。とくに定年間近のときであり、妻としては夫以上に身構える時期です。実際、リーマンショックから数年は、金融商品のなかでも定期預金の伸びが注目されました。これは団塊・ポスト団塊のガッチリ妻がしっかり押さえたからだと見られます。

それがリーマンショックも薄らいだ2012年の暮れにアベノミクスが始まり、冒険夫が俄然前に出てきました。そして、1年後には、NISAで夫だけでなくガッチリ妻も投資に参戦したのです。しばらくはこの傾向が続くでしょう。

金融商品には、株・投資信託だけでなく、REIT（不動産投信）もあれば外貨預金もあります。また、リタイア後に重要なのは保険商品です。保険と金融商品との組み合わせ商品をどうするかをうまく設計すると、リタイア後の生活のベースも見えて来やすいといえます。

とはいえ、金融商品はよく考えないと失敗をしかねません。しばしば高齢者がいかがわしい投資話に乗せられて虎の子の財産を失ったというニュースも聞かされます。金融機関に働いたことのある経験者などプロに近い人ほど、投機話に乗せられて資産を失うということになりやすいともいわれます。経験者だからといって安心はできません。

リタイア後の資産はかけがえのないものです。よく考えて、また夫婦でもよく話し合って運用すべきでしょう。基本的には、堅実に増やしていくことが望ましいわけですが、まずは生活のベースをしっかり確保することが重要です。その上で一定の投資運用枠を設定すべきだと思われます。

その設定した投資運用枠であれば、冒険もあっていいのではないでしょうか。それは頭の体操にもなり、その刺激がまた夫婦のコミュニケーションをゆたかにすることにもなるでしょう。それは、つねに夫婦二人で「新鮮で新しい気持ちを持ち」続け、「手元のおカネを増やし続ける活力」になり、それが次のライフスタイルづくり、つまり楽しい消費へもつながっていくと思われるわけです。

33 新しい旅のスタイルをつくる①
夫婦旅行でなく〝大人の二人旅〟

「最近旅行に行った相手も、今後行きたい相手も、国内・海外ともに男女の1位は夫婦」（新しい大人文化研究所調査より）

夫婦はすれ違っています。それにもかかわらずなのか、それだからこそなのか、旅行に一緒に行きたいのは「夫婦」が1位です。最近2～3年で旅行に行った相手は国内旅行も海外旅行も、男女ともに「夫婦」が1位です。さらに今後旅行に行きたい相手は、これも国内旅行も海外旅行も、男女ともに「夫婦」が1位です。ただし、よく見ると国内旅行に今後行きたい相手として、夫婦を挙げたのは、60代男性が70％に対して、60代女性は52％。海外旅行でも同様で60代男性が61％なのに、60代女性は42％です。ここでもやや「夫の片想い現象」があります。

せっかく男女ともに1位に挙げているのですから、もう少し工夫すれば、ギャップも埋まるし、より楽しくもなるのではないでしょうか。旅行はある意味で最大のハレの場でもあり、夫婦で最もおカネも使う事柄という面もあります。

「夫婦旅」というのは、「夫婦で行けば夫婦旅」であり、「夫と妻の関心事が違っていても夫婦旅」です。「すれ違ったままでも夫婦旅」なのです。往々にして夫は妻を夫婦旅に誘ってあげることが奥さん孝行だと思いがちです。たしかに、何もしないよりははるかにマシであることは間違いないでしょう。とはいえ、誘ってあげるだけで奥さん孝行になる、と思うところに少々ズレが出て来ます。しかも自分は旅先を指定するだけでプランと手配は妻まかせ、では何のこっちゃで、行きたければ自分で行ってよ、ともなりかねません。また、妻はお仲間がたくさんいるので、そちらのほうがずっと楽しいと思う女性も大勢いるのです。「エー？　旦那と行かなきゃいけないの」という反応になることも珍しくはありません。このズレを解消しない限り楽しくはならないのです。

「夫婦旅」でないとすれば、どうすればいいのでしょうか。「24．夫婦すれ違いを解消する」の項でも記しましたが、まずは広告のキャッチフレーズなどで「夫婦旅」という言葉を「大人の二人旅」とすると「アラちょっと素敵ネ」となるわけです。

次に、単に言葉だけではなく、中味が少々異なります。大人の男性と女性の二人が行く旅です。結婚前の二人に戻る旅、と言ってもいいかもしれません。子どもを介さない大人の二人旅です。これまでしなかった旅です。それは二人が関心を寄せ合う旅であり、距離を縮める、あるいはいい距離をつくる旅です。実際、旅先の素敵なレストランでも子どもがいたために入りにくいというところはあったでしょう。

たしかにお仲間で行くのも楽しいが、「大人の二人」だからこそ、おいしい食事で愉しい時が過ごせる、というのもあるわけです。あえていえば、今までわが国では、「大人の二人旅」は雑誌の素敵なイメージカットのなかだけにあり、実際にあったのは不倫旅行だったということもいえます。雑誌のイメージカットにあるような素敵な旅行であれば夫婦で行かない手はありません。

そこで旅行においてもヒントになるのが、「25．素敵な大人の二人になる」でも触れた「エスコート」です。無理をすることはないのですが、要するに若いときにデートをしたときのことを考えてみればいいのです。どの映画にしようか、レストランはどこにしようか、あれこれ事前にリサーチして、好きなメニューは何だったか、などという涙ぐましい努力をした向きもあったでしょう。要するにそれを旅行におきかえてみるということです。

事前の計画は妻の意向を聞きながら夫が立てて手配もする。あるいはパックツアーであれば最善のプランを選択する。とくに奥さんをここで喜ばせよう、というポイントはいくつか用意しておきたいものです。例えば、外国車のレンタカーを手配する、海辺のカフェの一番いい席を予約しておく、夕陽のきれいな岬へ二人で行く、アンチエイジングメニューのあるレストランでいくつか候補を挙げて選べるようにする、リゾートホテルのトリートメントのコースも用意しておき旦那がその間に現地の食材で鉄板焼きなどの料理を用意する、などないろいろなことが考えられます。完璧にする必要はなく、ひとつでもふたつでもできればいいのではないでしょうか。奥さんに内緒にしておけばまさに現地でサプライズ、夫の株も上がるし楽しい大人の二人旅になるでしょう。デートのときと同じで奥さんに喜んでもらえるかどうか、であり、一番大事なのは、その気持ちが奥さんに通じるかどうかです。

こうした「新しい大人の二人旅」では、着た切りスズメというわけにもいかないでしょう。ちょっとはオシャレして奥さんも旦那も多少は素敵に見えたほうがいい。こういうことを常日頃考えていれば自然に気持ちも若くなるというものです。すでに北海道でも沖縄でも旅先へ行くと、こういう「大人の二人」連れに出会うことがあります。なかなか素敵なものです。

とくに男性の場合には女性の好みそうな料理や行き先を調べたり考えたりするのは気分を新鮮にするでしょう。奥さんも旦那がそうしてくれたら、多少ダサいかもと思っても自分に向けられたその努力を喜んであげることです。こういう「素敵な大人の二人」が次の日本の旅のスタイルとしての「新しい大人の二人旅」をつくり出していくのです。

34 新しい旅のスタイルをつくる②
新しい大人の仲間旅が面白い

「今後旅行に行きたい相手」として「同世代のプライベートな友人」は国内・海外ともに夫婦、子どもに次いで3位

（新しい大人文化研究所調査より）

仲間コミュニケーションをよりゆたかにするという意味でも、これから仲間旅はいいでしょう。これまで友人と行く旅はあってもそれは懐かしい同窓会の旅行で、一回だけあるいは数年に一回というようなものになりがちでした。とくに男性はそうです。それはそれでいいものでもあるのですが、これからは「新しい大人の仲間旅」というのがあるのではないでしょうか。それは「男の愉快な仲間旅」であり「女子友の楽しいお仲間ツアー」です。

「男の愉快な仲間旅」は気の合う仲間、つまり同好の士や同級生などとの愉快な旅です。

一般に50歳を過ぎるとなぜか同窓会が増えてきます。そこから派生的に仲の良かった者同士や同じサークルだった者同士のつきあいが復活します。少し乗って来ると遠くへ花見に行こうかとかゴルフに行こうかとかいう話も出て来ます。離れて暮らしていることも多いので、地元の花火を見に来ないかということもあるわけです。とくにリタイア後は平日が使えるというのは大きなメリットです。平日ゴルフツアーは安くて空いています。

「女子友の楽しいお仲間ツアー」は、元ママ友や同級生、趣味仲間から広がったお仲間が誘い合わせて行きます。鎌倉へ京都へ金沢へ。そもそも団塊・ポスト団塊女性は、アンアンノンノ第一世代であり、当時「アンノン族」と呼ばれ、名所旧跡観光旅行でなく、出会いの旅を始めた世代です。みやげもの屋のおじさんと話をして楽しかったとか、木工で椅子をつくる青年との出会いがあったとか。金沢、萩、津和野などが旅先でした。

数十年経って余裕が出てきて、またお仲間と昔とったキネヅカで行っています。今鎌倉はエルダーの女子友であふれるほどです。ちょっと若いときと違うのは、韓国へも皆で行きましょ行きましょ、と行ってしまうことです。女子友の場合は最終的にはグルメです。スイーツや地元の食材のレストランへ皆で行きます。そこで何時間でもお話を続けます。

さらにこれからは団塊・ポスト団塊世代の夫婦同士のお仲間ツアーもあるでしょう。また、同窓会では昔学校で行った林間学校の地へ行く、というようなこともあります。男女共学なので人妻もいて大丈夫かと心配にもなるわけですが、この歳になれば皆で一緒に行くこと自体が楽しいということで、その上の世代では考えにくいことも起こっています。

浪漫堂という広告制作事務所を長年マネジメントして来た倉垣光考さんという方は開高健流仲間旅を提案しています。開高健さんはアラスカなどに仲間で釣りツアーに行きましたが、そのとき仲間の一流料理人と一緒に行ったそうです。そこで釣れた魚を川原で火を熾《おこ》して料理する、これが最高だというのです。われわれ一般人の仲間旅でこれを応用するとすれば、スナックのマスターとその仲間で一緒に漁港に行って魚をわけてもらい、民宿の洗い場を借りて、そこでさばいて料理をする。それを仲間で愉快に食べるというような旅です。男の仲間旅のひとつのカタチでしょう。

さらに、これから期待したいのは全国のライブハウスやフォーク酒場です。沖縄市はもともと嘉手納基地のゲートシティで基地のゲートの前から大きな通りがあり、その両側にライブハウスが並んでいます。ベトナム戦争の頃は米兵で溢《あふ》れて凄かったといわれます。そこからオキナワンロックが生まれたりしたが、今は米兵外出禁止令も出て、夜は日本人ばかりということもあります。そこで演奏されているのはオールディーズです。誰でも知っているなつかしい曲を日本人とフィリピン人のセッションでやっていたりします。レベルは高いし本土では聞けないサウンドでもあります。実は沖縄市は音楽で街興《おこ》しをすすめようとしています。せっかくできた時間を有効活用して、本土から仲間旅で行って盛り上げてもいいのではないでしょうか。ライブハウスのある沖縄市ではオレンジレンジやモンゴル800といった若いバンドも出て来たり活躍したりしています。オールディーズで楽しみながら、次の沖縄の若者バンドを応援するということもあるでしょう。街角の小公園でギターで弾き語りをしてみてもいいでしょう。楽しみながら旅先の街興しに一役買う仲間旅があってもいいのではないか、と思うのです。

また、南が沖縄市なら、北は札幌です。札幌にはブギというライブハウスがあり、マスターの澤内明氏はグループサウンズブームの頃から活躍して来た人で、ベーカー・ショップ・ブギというバンドを長年率いるとともに、最近、ＦＭ北海道から熱いメッセージを新しい大人世代に語りかけています。こういうライブハウスに大人の仲間で訪ねるのも楽しいのではないでしょうか。

仲間で楽しみながら多少街興しにも貢献する「新しい大人の仲間旅」があってもいいのではないか、と思うのです。そんなことも意識しながら、仲間旅を広げていけば、全国各地の街興しにも貢献し、楽しみながら「若々しい日本の未来」にも貢献できることになるのではないか、と思うのです。

35 新しい旅のスタイルをつくる③
新しい大人の新3世代旅をつくる

3世代で旅行したいという意向は、すでに旅行経験ありの場合、60代で92%
(新しい大人文化研究所調査より)

今後、子ども家族と3世代で旅行したいという意向は、60代で82%であり、そのうち、男性は79%、女性は85%と女性のほうが高いといえます。しかしながら、すでに3世代での旅行経験がある人では、同じく60代で92%と10%近く高くなります。さらに、男性では94%、女性で90%と、旅行経験のある人では、男性のほうが高い意向を示しています。

やはり、一度孫と旅行に行ってみると、こんなに楽しいものはない、ぜひまた行きたい、ということでしょう。とりわけ祖父のほうが楽しくて、もう一度行きたいと意欲が高まっているようです。しかも、94%ということは、ほぼ全員が行きたいと思っているといえます。それだけ孫との旅行は楽しいといえます。さらに、おカネをかけてもいいかどうか、という質問にも、60代の72％はおカネをかけてもいいと答えているので、孫との旅行は楽しいし、おカネをかけてもいいと思っています。

今、ちょうど団塊の世代が60代で祖父母世代です。それまでマニアのクルマだったワンボックスワゴンをはじめて普通の乗用車として多くの人が使い始めた世代であり、ニューファミリーを乗せて、河原でキャンプをしました。また、子どもの頃のこの世代ならではの経験という意味では、生のＳＬに接したことが挙げられるでしょう。多くの人は少なくとも一回はＳＬの牽引する列車に乗った経験を持っているはずです。さらに、仕事上はなんといってもゴルフが欠かせず、日本のゴルフを中心的に支えて来た世代です。そして、サラリーマン生活を通して、歴史は大好きで司馬遼太郎の熱心なファンでもありました。

孫のいる子ども家族の側はどうか、といえば、団塊ジュニア世代とポスト団塊ジュニア世代です。今団塊ジュニアがアラフォーにさしかかっています。団塊ジュニアは主に、団塊世代女性の子どもだと言われ、まさに団塊世代と並んで、わが国で２大ボリュームゾーンの世代です。さらにポスト団塊ジュニア世代は30代です。このポスト団塊ジュニア世代は団塊男性の子どもたちと言われます。この団塊ジュニアとポスト団塊ジュニアは、バブル後に世の中が右肩下がりになったときに若者になり、格差が始まった世代です。この格差が始まったからこそ、この世代の特徴のひとつとして言われるのは「友達親子」です。おカネより絆、華やかさもいいが絆も大事ということでしょう。これは、自分の親がはじめての友達親子であったために、それが自然に身についているからだ、ともいえそうです。

そう見て来ると、さきほど「30．新3世代は〝教えてほしい〟が秘密の扉」の項で孫と友達のような祖父母ということで「孫友」と書きましたが、まさに、友達親子同士として、はじめての「友達3世代」となる可能性があるのです。しかも団塊世代と団塊ジュニア・ポスト団塊ジュニアですから、わが国で最大ボリュームゾーンの掛け合わせがそうなるということで「友達3世代」が一気に多数派になる可能性もあります。

この3世代が「友達3世代旅行」に行くわけです。そのひとつは、当然のことながらそのまま祖父母と子ども家族が一緒に行く「3世代家族旅行」です。おカネを出すのが祖父母であり、子ども家族としても歓迎したいところでしょう。もうひとつは、「祖父母孫旅」です。これは、ヤングママが忙しいところから必然的に生まれる旅のカタチです。ヤングママは残業や土日の出張が避けられません。子どもはどこかへ連れてけ、となると祖父母が登場します。時間のある祖父母が孫を連れてパパママ抜きで旅行に行くわけです。

では、どういう旅行に行くのでしょうか。まず「友達3世代旅行」からみていくと、従来の3世代旅行ではあまり見かけなかったものといえば「キャンピング」を挙げることができるでしょう。団塊世代の需要によってキャンピングカーが増えています。キャンプ場も整備されているようです。「グランピング」というちょっと贅沢でソファも置いてあり、全て用意されていてバーベキューを焼いて食べるだけというようなところも人気となっています。キャンピングを父親だけでなく祖父も孫に教えられるというのが団塊世代の強みです。まさに祖父から父へ、父から息子へのキャンピング伝承です。また多忙なパパママ抜きの「祖父母孫」でのキャンピングも大いにあると思われるわけです。

さらには、３世代あるいは祖父母孫による「ＳＬの旅」です。全国各地のＳＬの走っているところへ孫を連れて行く。祖父母は自分が実際に列車での旅の体験があるのでそれを話すことができるわけです。また、ゴルフは団塊の世代の得意技ともいえるわけで、次の石川遼君をめざせ、とばかりに、孫を連れて「ゴルフツアー」に行く。実際にはそこまで期待しているわけでなくとも、孫に自分が培ってきたことを教えるのは楽しいでしょう。そして、さきほど述べた孫の教わりたい欲求を満たすのは「歴史旅」です。京都でも鎌倉でも、北海道から沖縄まで全国各地でいくらでも歴史を教える旅はできます。司馬遼太郎を読んで貯めて来たウンチクや歴史的人物観を孫のために解りやすくかみ砕いて解説するのは大いなる楽しみとなるわけです。これらは、すでにやっているよ、という方もおられるでしょう。

そして、実際に多くなると見られるのは、「女子３世代旅行」です。これは母娘コミュニケーションの延長でなされ、行きたいところも比較的絞られやすく、最も計画が早くまとまりやすいでしょう。要はパパ祖父抜きの「女子3世代旅行」です。行った先では「3姉妹」のような「3世代」になります。祖母は一番上の姉のような気分です。

この先にあるのは、孫が成人して結婚するときの「リゾートウェディング」です。沖縄は今やこのリゾートウェディングのメッカともなっていますが、これからは、祖父母がプロデューサーのリゾートウェディングや、若い二人が計画は立てるがおカネは祖父母が出すスタイルも出て来るでしょう。ハワイハネムーン第一世代がそろそろ祖父母になるため、祖父母プロデュースのハワイリゾートウェディングもありそうです。

今までにない新しいタイプの「新3世代旅行」そして「祖父母孫旅」。これを計画し、実行していくためには、体力も気力も必要です。とはいえ無理せず、「若い気持ち」で行くときにこれまでにない「友達3世代旅行」「孫友の旅」があふれるようになるのです。

36 食を楽しみずっとグルメ

食べることに楽しみを感じる人は60代で91％（新しい大人文化研究所調査より）

従来、高齢者といえば「粗食」というのが一般的な常識でした。「一汁一菜」ということも心掛けとして語られて来ました。

しかしながら、実際、調査をしてみると、百八十度違った結果が得られました。「食べることに楽しみを感じる」人は40～60代で91％でした。そのうち60代に限ってみても同じ91％です。そもそも世の中で一番最初にグルメという言葉がよく登場するようになったのは1980年代はじめに荻窪のラーメン店が話題となり、最初のラーメンブームが起こった頃です。山本益博氏が日本ではじめてのミシュラン方式の味のランキング本『東京・味のグランプリ２００』を出し、これらがキッカケとなり、グルメブームが起こりました。それを支えたのが今60代の団塊・ポスト団塊世代です。ラーメンからフランス料理まで今日グルメとして語られていることの原型はここにあります。さらにその後に、雑誌『Ｈａｎａｋｏ』が創刊され、今度は現在アラフィフになった当時のＯＬたちが街をエンタテインメント化して楽しみながら、グルメブームを支えました。

まさに今のわが国のグルメと言われるものは40～60代がつくって来たと言っても過言ではありません。それは60代になって理由もなく萎《しぼ》んだりはしないのです。「食べることに楽しみを感じる」が60代で91％ということは、時間もできたし、さあこれからだ、というような気分でもあるのです。

それは、東京をはじめ各都市に続々と誕生している新しい大型商業施設に見ることができます。東京では２０００年代のはじめに丸ビル、六本木ヒルズと続いてオープンしましたが、その飲食のフロアは50代・60代であふれていました。その後新丸ビル、カレッタ汐留、日本橋のコレド室町、丸の内のＫＩＴＴＥと続いていますが、渋谷ヒカリエも上の飲食のフロアは50代・60代でいっぱいです。さらに、２０１４年3月にはコレド室町2・3がオープンし、「大人の二人」がたくさん来ています。とくに女性たちは新しい商業施設ができるたびに出かけます。新しくオープンするたびに地方から押し寄せてくるという話も聞きます。かつての「ハナコＯＬ」そのままです。そこでよく見かけるのは、「女性のお仲間」と夫婦すなわち「大人の二人」です。都心の商業施設はそこにＯＬ・サラリーマンが掛け合わされ、まさに「大人のグルメ」を楽しむところとなっています。大手スーパーのイオン、イトーヨーカドー、コンビニのセブン‐イレブン、ローソン、ファミリーマートです。いずれも顧客対象を今までのファミリーから3世代・エルダーへと転換ないし対応しようとしています。そのなかで、食品売り場をのぞくと小分け・小パックの肉や野菜、惣菜が並んでいます。夫婦二人世帯になり4人分つくらなくてもいい、あるいは、夫が一人でも食べられる、というところにうまく合わせているのです。さらにワイン売り場も充実しています。

そもそも今、家の食事が大きく変化しています。子どもが独立したということは決定的に食事が変わります。ファミリーの食ではなくなりました。子ども向けのカレーやハンバーグである必要はもはやないのです。同時にリタイアで時間ができました。朝食も昼食も夕食も時間をかけられます。そこで起こっているのは、家グルメ、とくに夕食で時間をかけてビールやワインやお酒を楽しみながらあれやこれや食べるようになってきたのです。「24．夫婦すれ違いを解消する」のところでも記したように、今まで夫は外の居酒屋でママを相手にクダをまいていましたが、今度は本当のママが相手です。むしろ肴をたくさん用意してグルメうんちくを傾けながらあれやこれやと楽しむ。これからはまさに家で本格的にグルメを楽しむ「大人の食」なのです。

今まではファミリーで子どもを中心に考えなければならなかったのが、外でも家でも語らいながら大人のグルメを愉しむことができるようになりました。ようやくわが国でもこういう楽しみが本格化して来た、といえるかもしれません。

愉快に語らいながら「大人の食」を楽しむ。ウチでもソトでもです。こういう生活は考えてみれば理想の日々ではないでしょうか。「食を愉しむ生活」は「ゆたかな人生を創る」ことになります。「大人二人の食」そして「大人の仲間の食」。楽しみながらグルメをする「大人の食」が日本に「新しい食文化」を創り出し始めた、といえるのです。

37 肉好きな人は栄養バランスで健康に

40〜60代の85％は肉料理が好き、60代男性は86％が好きで、魚料理とほぼ同じ、野菜料理の82％を上回る（新しい大人文化研究所調査より）

今まで粗食と並んで、50代以上の食といえばまず健康優先であって、ほぼ「50代以上の食はすべて健康から」という言われ方もされてきました。その答えの多くは「減塩」でした。もちろん「健康」は最も高い関心事であり、最も不安を感じるのも「健康」です。「減塩」は大事です。だからといって「食は健康がすべて」かといえば、そうではないのです。さらには、「柔らかいもの」や「流動食」など、60代以上になるとそういう食を選ぶようになる、という大きな誤解もありました。

実は、40〜60代の85％は肉料理が好きだと答えています。そのなかでも、60代男性は86％が好きで、魚料理の86％と同じレベルで、野菜料理の82％を上回っています。60代女性でも

79％が肉料理を好きだと答えました。この「肉料理が好き」ということが大きな変化を象徴しています。これも団塊の世代が60代になったことが大きな影響を及ぼしているといえるでしょう。また、40～60代で85％が好きということは、今後10年、20年はほぼこれが次の常識になっていくと思われます。

では、20代のときと同じようにガツガツと分厚いステーキやトンカツを食べるのかということです。肉料理を食べる機会が減りましたかという問いには、60代男女の57％は変わらないと答えていますが、その一方で33％が減ったと答えています。つまり量は抑え気味なのです。言いかえれば、「量よりもおいしい肉や肉料理を食べたい」と思っているのです。例えば、分厚いトンカツよりもたくさんでなくてもいいからおいしい霜降りや黒毛和牛を食べてみたい。要は量よりも質で、「おいしい食材やおいしい料理」を食べたい、ということです。

さらに料理や食事をするときの気持ちや行動について実践したいことを聞いてみました。そうすると40～60代を通して1位「栄養バランスに気づかう」、2位「季節の旬のものを食べる」、3位「カロリー・塩分・油分の量を気づかう」と続きます。要するに「栄養バランス」が最も大事だということです。続いて「季節の旬のもの」で「おいしさ・グルメ」、そして3番目に「健康」です。食に関しては、ほぼこの順に気にしているようです。

その意味では、何よりも「栄養バランス」です。実は、現在の50代・60代が元気で自分は若いと思ったりするのは、何といっても健康だからですが、その健康をつくったのは小中学生のときの「栄養バランス」にあるといえるでしょう。どの学校でも「栄養成分表」がイラスト入りで貼ってあり、それを見ながら給食を食べたものです。食と栄養バランスはワンセットなのです。したがって肉だけは食べないという選択肢はないのです。

しかも、最近医療の専門家から、「要介護にならないためには肉を食べるべし」という肉食のススメが語られています。東京都健康長寿医療センターなどの長年の臨床例などを基にした研究結果も発表されています。そう考えるとやはり、このまま肉食は続けたほうがいいのではないか、と思われるわけです。

さらに、そうはいっても「健康」は食に関しても重要な考えどころであることは間違いありません。肉についていえばやはりコレステロールは気になるので脂分はどうかというところです。その意味でも霜降り肉も少量ならというところでしょう。実は「減塩」も大事なポイントです。ただ、食に関しては、それが第一なのかといえば、やはり「おいしさ」が第一で次が健康というところです。「おいしくて健康的」であれば言うことはないのです。

そして「栄養バランス」。子どものときからの食習慣は自分たちの「健康な体の基本」といってもいいようです。今後も魚・野菜などとともに肉を食べ続けることが介護予防という点でも「若い体」をつくっていく源になる、といえそうです。

38 男の料理・女の料理

料理をつくることが楽しみなのは60代男性42％、女性62％
（新しい大人文化研究所調査より）

団塊・ポスト団塊男性が30歳前後のときにグルメと並んで起こしたブームが「男の料理」です。これもわが国ではじめてのことでした。当時「男子厨房に入るべし」というようなことが言われました。ラーメンの麺をこねるところからやっている、と会社でその進捗《しんちょく》を報告したり、魚を三枚におろせることを自慢げに語る男性社員があらわれました。

当時はまた男の料理といえば本格的な料理でした。半日かけてスパイスをあれやこれやと入れてトロトロ鍋を火にかけてカレーをつくるわけです。夜中になって、皆が待ちくたびれた頃にようやく出来上がり、というような次第でした。

「料理をつくることが楽しみ」だと答えたのは60代男性で42％、女性で62％です。

やはり、見合い婚が主流だったその上の世代と比べて、今の60代は男性のスコアが非常に高いのです。実際スーパーでの行動そのものも大きく変わっています。以前は、奥さんの夕食の買い物に付いてスーパーを回るだけという夫を指して、下駄にペタッと貼りつく「濡れ落ち葉」だ、と言われたわけです。今の60代団塊の世代からは、少なくともカートを押す係にはなります。それだけではなく、自分からすすんで売り場を見て回ります。男の目から見るとスーパーの売り場が結構面白いのです。同じ豆腐でも弘法大師が入山のときに喜ばれ、以来1600年余りにわたって伝わるという有名な「高野山のごま豆腐」は一度食べてみたいね、とか、今日は戻りガツオが出ているのか、漁港はどこ？　と興味が尽きなくなってきます。唯一の弱点は金銭感覚があまりないことです。妻はこれまでベテラン主婦として1円のたたかいをして来ました。チラシを見て比較して、1円でも安い店へ行きます。ところが男はこれいいネ面白いネが先に立って、おカネのことはどこかへ行ってしまいがちです。しかもスーパーでは一品自体は高くても数百円なので全然安いじゃない、と思ってしまうのです。家計を預かって来たプロとの金銭感覚の違いです。ただ子どもが独立後はそれで塾のおカネが厳しくなるわけでもなく子どもの食費に影響が出るわけでもなく、あきれる妻を横目にカゴに入れてしまうのです。

ただ30代の頃の男の料理とひとつだけ違う点があります。それは、必ずしも本格料理を時間をかけてつくる、ことだけではない、ということです。どちらかといえば現実的なことが先に立ちます。今日のランチであり、夕食の肴です。したがって手間をかけずにサクサクできるとか、スグできるということがひとつの大きなポイントです。そのための技術も身につけます。料理本をひっくり返したり、パソコンやタブレットで料理レシピガイド「クックパッド」を調べたり、料理教室にも行きます。そのスグできるものに加え高野山のごま豆腐など、そのまま食膳に出しても本格感を味わえるものを買うのです。それはその豆腐にまつわるウンチクと相まって満足感を与えるのです。

さらにいえば、料理以前の問題があります。しばしば言われることですが、定年退職して驚くのは妻が家にいないことです。お仲間でお出かけになって家にいない。今日の昼飯はどうしたらいいのか、適当におネガイなどと言われて、何をどうしたらいいのか途方にくれるわけです。ここで登場するのが近くのコンビニです。行って見れば結構いろいろなものがある。そのなかでプライベートブランド惣菜のプレミアムラインを発見するわけです。なんとかゴールドです。このカレーを試しに買って電子レンジで温めると、これが意外にいける。本格感もあって、これもなかなかいいネとなります。

女性はといえば、子どもが独立をしたことがとにかく大きい。妻としては料理も子どもがいたから手の込んだこともしたのよ、という想いもあります。とはいえ「料理は手作りする

／手作りのものを食べようとする」という女性は73％にもなります。料理は自分が長年培ってきたものであり、好きだということもあるのでしょう。これからは自分と夫のため、そして子どもが小さいときとは違い大人の趣味も加味した料理も工夫したいというところです。また、食器にこだわる、というのもあるでしょう。二人でナントカ焼の器を探しに行くのも楽しいのです。ナントカ焼の皿に合わせてメニューを考えます。料理の「見た目」を大事にして工夫するというのは子どもの好きなメニュー第一のときにはなかなかできなかったことでもあるのです。

ここまで来て「男の料理」は自分のためだけでなく、妻のためにする料理にもなりました。そして、「女の料理」は大人の食を楽しむものへ。そして二人で食器も含めた「見た目も楽しい料理」を工夫する。それはまた、３世代や友人仲間を「招く料理」にもなるでしょう。大人の二人で「食べるだけでなく、つくるところから楽しむ料理」へ。それが「新しい大人の食文化」になるのです。

39 エンタテインメントを楽しみ続ける

今後おカネをかけたいことは食べ歩き・ガーデニング・劇場での外国映画鑑賞・美術館博物館利用・劇場での日本映画鑑賞・美術鑑賞の順

（新しい大人文化研究所調査より）

今、ゴッホもラファエロもミケランジェロも美術展はどこへ行ってもエルダーであふれかえっています。こういう歴史的な画家や彫刻家の名前を聞いただけで最初から美術展に行くことをあきらめてしまうほどです。博物館もそうですが、平日の混雑ぶりが尋常ではないのです。映画も然り。もちろん映画にもよりますが、シネコンの平日の昼間は50代以上の夫婦でいっぱいということがしばしばあります。実は映画のヒットの構造も多少変わりつつあります。映画というのは初日の観客動員数がピークであり、それがどのぐらいかで決まるとされます。ところが最近は必ずしもそうでない映画が出てきています。初日はそうでもなかったのに、同じレベルで観客動員が続いて結局ロングランという映画です。吉永小百合さんはじめ同世代に共感性の高い俳優の映画はこういうことがあるといいます。また、新しい歌舞伎座も大盛況のようですが、これはもうこの世代の女性のお仲間と母娘が中心です。この女性たちは、帝国劇場も日生劇場も四季劇場もいっぱいにします。クラシックのコンサートもオペラもそうです。クラシックのコンサートは少し前まではこの世代の女性たちがほとんどでしたが、団塊定年後は男性も増えています。奥さんも何回かに一回は夫と一緒に行く、男の仲間で行く、それに刺激されたのかその上の世代の男性も来たり、といったところです。まさに日本のエンタテインメントはエルダー世代が支えている、と言っても過言ではないのです。

今後おカネをかけたいことは何ですか、と40〜60代に聞くと、食べ歩き・ガーデニング・劇場での外国映画鑑賞・美術館博物館利用・劇場での日本映画鑑賞・美術鑑賞の順でその後にスポーツやドライブが来ます。何よりもまずエンタテインメントのようです。

エンタテインメントに関しては、この世代は、ロック・ポップス・ニューミュージックを筆頭にこれまでつねに新たなジャンルや新たな方向を開いてきました。映画に関していえば、１９６０年代後半は、ゴダール、大島渚、篠田正浩などの前衛的な映画の後に、アメリカンニューシネマがやって来ました。それまでのハリウッド映画が勧善懲悪が基本で、悪いギャングと正義の保安官という図式であったのを大きく変えたのです。ギャングが主人公でかつ低予算の映画が次々と封切られました。『明日に向って撃て!』『俺たちに明日はない』『ワイルドバンチ』などです。しかもそれまでのハリウッド映画の基本はハッピーエンドでしたが、これらはバッドエンドです。映画のあり方そのものがここで大きく変わりました。それが今の映画づくりにも続いている、といえるでしょう。

音楽もそうです。ビートルズやローリング・ストーンズ以前にはそういうスタイルのロックバンドはなかったし、フォークにあるような弾き語りもなかったのです。そこから始まり、今では当たり前になっています。

一昔前のクラシックファンといえば、難しい顔をしてマニアックにスピーカーの前で指揮棒を振っているというイメージでしたが、今クラシックコンサートを聞きに行く女性はそういう人たちではありません。公演後、レストランで楽しくお喋りしながら、第一バイオリンは結構イケメンだったというようなお話に花を咲かせます。聞き方がライトになっていると同時にある意味では本来の聞き方に近くなっているのかもしれません。ヨーロッパのサロンでは皆がしかめ面をしながら聞いていたのではありません。当時の貴族が楽しみながら聞いていて、そこで5歳のモーツァルトがピアノを目隠しで弾いて皆を驚かせたわけです。若いときにロックや弾き語りなど音楽シーンの転換をもたらしたように、今また少数の知的エリートが楽しむものであった音楽文化・美術文化を大きく変えつつある、ということがいえそうです。

韓流は「冬のソナタ」以前には影も形もなかったものです。それが50代・60代女性の間で広がりその前後にも広がり、さらにK－POPまで生み出して若者も韓流にハマりました。まさにジャンルとして何もなかったところにドラマと音楽にまたがる大きなジャンルを生み出したのです。ビートルズやストーンズで新しく大きなジャンルができたことを想い起こさせます。

この力がまた「次の何かを生み出す原動力」になりそうです。単なる観客にとどまらずに、そういう気持ちでエンタテインメントを楽しんでいくと、自分たちがまた「新しい何かを創り出す主役」になる、という気持ちにもなるでしょう。まさに「新しい大人世代」です。その「新しい何かを創り出す」という気持ちが自らをもさらに磨いていくのだと思うのです。

40 新しい大人文化の担い手になる①
一流の観客になる

演劇を楽しむときにファッションにも気を遣う60代女性は57％、ちょっと奮発した食事をする60代女性は43％
（新しい大人文化研究所調査より）

「音楽・演劇・美術を楽しむときの気持ちや行動はどのようなものですか」という問いに、60代女性はどう答えたのでしょうか。「ファッションにも気を遣う」は音楽で50％、演劇は57％、美術は37％。「ちょっと奮発した食事をする」は音楽で35％、演劇は43％でした。

どうやら、女性はやはりお仲間でオシャレをして行って終演後や鑑賞後は素敵なレストランでみんなでちょっと贅沢なお食事をしているようです。これに対し、男性は徐々に奥さんとそういうことを始めているというところでしょう。実際、コンサート会場でも劇場でも華やかにオシャレをしたエルダー女性のお仲間の間を泳ぐようにしないと席にたどり着けません。劇場周辺のちょっと高いレストランをのぞけば、昼下がりにエルダー女性のお仲間がワイングラスを傾けながらお喋りに興じています。

この女性たちは、近くにいると騒々しいと思ってしまうのですが、実はヨーロッパ型大人文化の行動スタイルを始めているといえるのです。「25．素敵な大人の二人になる」の項でも書きましたが、ヨーロッパのホールや劇場は建物だけが歴史的芸術のように立派なのではありません。そこに盛装やオシャレをして行く、終演後は素敵なレストランで食事をする、そのことがヨーロッパの大人文化を花開かせて来たわけです。

その意味では、ようやくわが国でもそういう行動をとる人たちが出て来たといえるでしょう。あえてファッションやレストランなど周辺から話をすすめましたが、それは文化が音楽や演劇単体だけでつくられるのではなく、周辺の行動と相まって文化になるものだからです。

そのヨーロッパからときどき聞こえてくるのは、オーケストラや歌劇団から日本で公演したいという声です。お世辞半分もあるのでしょうが、これは素晴らしいことではないでしょうか。そもそも日本人はその礼儀正しい行動が世界から称賛されることが多いのです。古くは戦国時代に宣教師として来日したルイス・フロイスや幕末に日本を訪れた外国人も「日本人の礼儀正しさ」に驚かされたとし、近くは東日本大震災の東北の被災地の方々の「秩序だった行動」に世界中から驚きの声が寄せられ、さらに２０１４年のサッカーワールドカップでは、現地ブラジルへ応援に行った日本人サポーターが観客席のゴミ拾いをし現地のマスコミなどから称賛されました。世界的にまた歴史的に日本人の「礼儀正しさ」に対する評価は高いのです。これはわれわれ日本人自身が意外に自覚していないのですが、実は大変なことだと思うのです。戦国時代から今日まで一貫して高く評価されているということは、まさに日本が世界に誇れる大変大きなことだと私は思うのです。

そのことはまた観客となったときにあらわれます。スポーツの例ですが、しばしば驚きをもって言われるのは、日本の観客は敵チームに対しても、他国のチームに対しても惜しみない拍手をする、という評価です。それはコンサートなどでもあらわれるのでしょう。日本の観客はおとなしいと語られることもありますが、それはまたいきなりブーイングをしたりはしない、荒々しい罵声を浴びせない、という姿勢にもなります。

一流のオーケストラや一流の歌劇団は「観客が育てる」ということも言われます。たしかに、オーストリアでもドイツでもフランスでもイタリアでも優れた観客がいたから優れた音楽や音楽家があらわれたのです。

ヨーロッパのオーケストラや歌劇団が日本で公演したいというのは、基本的には内容に対する評価の確かさがあるからでしょう。その上に評価の礼儀正しい表現の仕方が加われば、どのオーケストラや歌劇団も来日したいということになります。

一流の観客になるためには、より研ぎ澄まされた感性と音楽・演劇・美術などへの造詣、そして相手に対するより適切な評価が必要となります。それを今以上に高める。とりわけリタイア後はそのための十分な時間を割くことも可能だと思われます。さらに、それを夫婦で共通の趣味にする、友人・仲間との共通の趣味にするようにしていけばこんなに楽しいことはないでしょう。

また、コンサート会場や劇場にはそのプログラムや音楽アーティストにふさわしいオシャレをして行くことも、またプラスアルファの楽しみになるでしょう。そして、終演後は、それを話題にして素敵なレストランでお喋りのときを持つ。そのレストランも当日の演目に合わせて、となれば楽しみも尽きません。

そういうことが今以上になされ、世界中の音楽家や演劇人、美術アーティストが競って日本で公演や美術展をしたがる。それは、クラシック音楽やオペラ鑑賞、美術鑑賞、演劇鑑賞に限らず、ポップスやロックについてもいえることであり、海外のみならず、国内、そして地域における大小のコンサートや演劇についても同様のことはいえます。クラシックからポップス、伝統芸能から前衛、美術に至るまで、国内外の文化を育てるところに、今以上に大きな力となるはずです。

観客の力、オーディエンスの力がアーティストを育て、文化を創り出します。観客としても生活文化を楽しむ人としても日々楽しみつつ、目や耳を研ぎ澄ます。オーディエンスとして、国内外の演奏家や劇団に対して適切な評価をしていく、そのことによって世界の演奏家や劇団が今以上に日本で公演をしたいと熱望する。そういう日本になったときに、世界のなかで「日本は文化先進国になる」といえるのであり、それを担うのがほかならぬ「新しい大人世代」だ、といえるのです。

41 新しい大人文化の担い手になる②
新しいトレンドの発信源に

2006年吉田拓郎とかぐや姫のつま恋コンサートには3万5000人、当時50代後半の団塊世代が来たと言われたが、発表された平均年齢は49歳だった

ビートルズというと男性ファンという印象ですが、そもそもビートルズを今日のビートルズたらしめたのは、当時の世界中のティーンの女の子たちでした。世界中の空港で、ビートルズを待ちうけ、山のような女の子たちがフェンスをつかんでポール、ポールと泣き叫んでいました。日本への来日は1966年ですが、翌1967年、まさにその日本版としてのグループサウンズブームが起こりました。ザ・タイガース、ザ・スパイダースなどなど、会場には当時の女子高生が詰めかけ叫んだり泣いたり、バンドによっては失神騒ぎが常態化していました。

「39．エンタテインメントを楽しみ続ける」の項でも書いた韓流ですが、もう少し詳しく見ていきたいと思います。その最初の「ヨン様ブーム」が起こったときに、ヨン様を一目見ようと空港にエルダー女性が大勢押し掛け、空港の警備員が汗だくで整理していました。テレビに映し出された映像を見て、多くの人が、このオバサンたちどうしちゃったの、と不思議そうに見ていました。その光景を見ていてハタと思い出したのは、グループサウンズに押し掛けた当時の女の子たちでした。結局、このオバサンたちはあの彼女たちであり、彼女たちは変わらないということなのです。ただ結婚して家事育児に専念していたのであまり見えて来なかったわけですが、子育て卒業と同時に再開したのです。

彼女たちは、ビートルズやグループサウンズをブームにし、そして今また韓流をブームにしました。実は彼女たちこそビッグトレンドの火付け役なのです。ビッグトレンドを狙うビジネス界の住人は必ず若者と言いますが、それは過去の古いパターンにこだわる固定観念なのかもしれません。ビッグトレンドを起こすには、その主役をとらえないといけないわけです。

韓流をよく見てみるとさらに重要なことが見えて来ます。最初は「冬のソナタ」のヨン様で50代・60代女性を中心にブームが起こり、その後K-POPが脚光を浴び、受け手が20代・30代となりました。ここだけ見ると韓流は若者文化のようにも見えるわけですが、決してそうではないのです。つまり、50代・60代女性から20代・30代へと広がったのです。トレンドは大人から若者へと拡大したのです。

これは韓流だけではありません。例えば、ＴＳＵＴＡＹＡが２０１１年に東京・代官山に蔦屋書店をオープンさせました。今まで若者が中心だったＴＳＵＴＡＹＡが50代・60代先進層を対象にジャズ、クラシック、ロック&ポップスの音楽フロア、名作等シネマのフロア（代官山蔦屋書店サイトより）などを中心とした書店を開きました。コンシェルジュがいて、カフェがありそこここで座って本が読める書店です。これが大盛況で、30代・40代にも人気の書店となりました。今や蔦屋書店は北海道から九州まで全国に続々とオープンし、ＴＳＵＴＡＹＡ全体で書籍売り上げが紀伊國屋書店を抜いてリアル書店で1位となりました。50代・60代からヒットが生まれて若い世代にも広がるという今までなかったことが起こっています。それは、そもそも今の50代・60代がトレンドセッターだからなのです。

２００６年、吉田拓郎とかぐや姫の31年ぶりのコンサートがつま恋で開催されました。主催者発表で３万５０００人が集まりました。当時50代後半の団塊世代が来たと言われたのですが、発表された平均年齢は49歳でした。つまり団塊世代も来たがポスト団塊世代も来ました。そして団塊ジュニアも来たのです。最近来日したポール・マッカートニー、ローリング・ストーンズ、ボブ・ディランもそうですが、エルダーから若い人までつながる、それがあり得るようになったのです。

藤岡藤巻というバンドがあります。若いときのまりちゃんズのメンバーが50代で再結成し、大橋のぞみちゃんとユニットを組んで「崖の上のポニョ」で紅白歌合戦にも出演しました。その藤岡さんが「僕たちの年代ははじめて若者とバンドできる年代なんです」とインタビューをしたときに答えてくれました。たしかにそれまでの年代では考えられないことです。「おやじバンド」の次は「おやじと若者バンド」なのです。そう思っていたら、ようやく、矢沢永吉さんが、Z's（ゼッツ）というバンドを若者とスタートさせました。ぜひ活躍して欲しいし、それを見て、全国のアマチュアバンドへも大いに広がって欲しいものです。

新しい何かを創り出し、若者の新しいコンテンツや新しい曲も支持する。そういう気持ちを持つことによって若者をも応援できるのではないでしょうか。ストリートから出て来たゆずやコブクロ、いきものがかりを応援したくなるのは、ストリートミュージックが、実は自分たちが若者のときに岡林信康さんや高石友也さんが大阪梅田の地下街でフォークソングを歌ったところから始まった、という気持ちもあるからです。

トレンドセッター気分を持ち続けることは悪いことではないでしょう。忌野清志郎さんは若者をリードしながら世を去りました。「自分たちが発信源」であり続けようとする、決して無理をするのではなく、そういう気分を持ち続けることは、やはり「若い自分を創る」ことになる。まさに「新しい大人世代」だからこそ、世の中の発信源にもなることができるの

41　新しい大人文化の担い手になる②新しいトレンドの発信源にです。

42 社会に「支えられる側」から社会を「支える側」になる①自助

団塊世代は、１９４７（昭和22）年～１９４９（昭和24）年生まれで約７００万人。広義の団塊世代は１９５１（昭和26）年生まれまでで約１０００万人。ここ数年の新生児は年間約１００万人であり、その2倍以上で全体に与えるインパクトは大きい

高齢化は社会的な問題として語られています。前述しましたが、社会保障費は主に介護と医療に関する費用であり、今後それが増大するからです。とりわけ年金の現役世代の負担が今後さらに増大することが問題として語られています。

「『団塊』の年金重荷、現役の負担一段と人口調査で浮き彫り～総務省が28日発表した住民基本台帳に基づく3月末時点の人口調査は、日本経済の重荷となる少子高齢化の加速を浮き彫りにした。約７００万人の団塊世代が続々と65歳以上の老年人口に加わり、年金を受ける高齢者層が急速に増えている。現役世代の負担増は限界に近く、社会保障制度の抜本的な見

直しが避けられない情勢だ。1947〜49年生まれの団塊世代が老年期にさしかかってい
る」(日本経済新聞2013年8月28日)

まさに、このような現状であればこそ、「21．介護予防・健康ケアを自分のタスクにする」の項でも書いたように、団塊世代を含む60代が現在始めている介護予防努力が重要です。これをさらに続け、発展させることで、団塊世代から要介護者の割合が減っていくことはきわめて大事なことなのです。さらにそれをもう少し突っ込んで考えてみるとどういうことがいえるのでしょうか。

高齢者は「支えられる側」です。これ以上「現役世代は支えられない」というのが社会的な大問題です。これは年金が賦課方式であるために起こることです。賦課方式を変えるためには莫大な税金がかかります。簡単には変えられません。しかし、このままでは問題は拡大するばかりです。その意味で、社会に「支えられる側」から社会を「支える側」に回るということが重要なのです。基本的には自助・共助であり、社会に対して、自分でできることをしていくということです。2012年に11年ぶりに改定された政府の高齢社会対策大綱でも社会に「支えられる側」から社会を「支える側」へ、ということがうたわれているのです。

自助については、実は「若々しく」あることそれ自体が「社会を支える」ことになるのです。言い過ぎだ、冗談でしょ、と思われる方もおられるでしょう。もちろん「無理して若づ

くりをして何をやってるんだ。年寄りは年寄りらしくしろ」という声も聞こえて来るわけですが、結局、「老け込んだツケ」「年寄りが年寄りらしくしたツケ」は「若い世代がその代償を支払う」ことになるのです。老け込むことは、必然的に病院通いをしたり、要介護状態になることを招きやすいのです。

したがって人生最後まで、できるだけ病院の世話にもならず、要介護状態にもならないことが大事です。そのための「若々しさ」であり、それは「若い世代に負担をかけない」ために非常に重要です。茶化したり、茶化されたりするようなことをしている場合ではありません。もっと真剣にかつ緊急に「若々しく」あることを考えるべきなのです。そして、そのためには、予防と早期発見が重要です。体と歯の定期的な健康診断、そして予防のために、栄養バランスのとれたおいしい食と、スポーツ・適度な運動が欠かせません。

実は、そこから「支えられる側」の「支える側」への転換が始まります。つまり〝健康診断〟や〝おいしい食〟、そして〝スポーツ〟〝適度な運動〟はそれ自体で「消費」が生まれるからです。医療機関、レストランやコンビニ・スーパー、食品・飲料メーカー、さらにフィットネスクラブやゴルフ場・テニスコートやスポーツウェアなどにおける消費です。これらの消費は雇用を生み、若い人たちを支えます。

つまり、社会保障費が人口ボリュームの多い団塊の世代によって大変なことになるという心配の直接の裏返しとして、こうした多くのビジネスでの団塊世代だけで約1000万人というボリュームの「金時《きんとき》持ち」の消費が存在するわけです。

もちろん「22．それでも体が弱ったら」の項で書いたように、誰しも40歳を過ぎれば体に変調はきたすし、重度の場合はケアされる必要はあります。しかし、大事なことは、「若々しく」あることは、決して自分のためだけにあるのではないということです。

「若々しく」あることは「若い世代に負担をかけない」ためにきわめて重要なことなのです。むしろ自分のためにすることが社会を「支える側」になる第一歩なのです。「新しい大人世代」にとって、まさに「若々しく」あることが「社会的自助」の第一歩だといえるのです。

43 社会に「支えられる側」から社会を「支える側」になる②共助

40～60代の車種別で乗りたいクルマの1位は「ハイブリッド車」であり、リフォーム・住み替えで変えたい住環境の1位は「太陽光などの自家発電」（新しい大人文化研究所調査より）

もともと地域の介護NPOは団塊女性によってつくられ、運営されて来たことが多いとみられます。団塊女性が若いときにウーマンリブがあり、実際に参加した女性は少数でしたが、女性の自立という主張にはその多くが共感したのです。とはいえ、男女雇用機会均等法までは約10年という歳月が必要であり、多くの女性は就職の後、結婚か仕事かの選択を迫られ結婚を選びました。その結果、専業主婦率がきわめて高くなったのです。

しかしながら、彼女たちは、決してそこで終わったのではなく、主婦として母として、生協の組合員になるなどして食品の安心・安全に取り組んだのです。またこの女性たちが最初に無印良品や詰め替え洗剤を支持したことで、それが今日ではアタリマエになって来たのです。

この社会的な意識を持った団塊およびポスト団塊の女性たちのなかから、地域の介護ＮＰＯが生まれていきました。団塊男性がいつの間にかすっかり企業人になり、しかもバブルを機に、銀座・赤坂・六本木・曾根崎新地・中洲・すすきのの住人になっていったのとは好対照といえます。高齢化の進展とともに、団塊女性がＮＰＯとして始めた介護に国や自治体が関与していったということもいえます。

したがって、介護に関して、団塊世代から「共助」が始まるのは必然的な結果ということもいえるのです。２０１５年から生活支援コーディネーター制度開始が予定されています。これは、地域の実情に合わせて介護家族の支援、ホームヘルプ、居場所づくり、見守りなどを推進する役割の人です。団塊の世代が担い手として期待されていますが、ここからは、団塊女性のみならず、団塊男性の参加も期待されます。

まさに、団塊世代からは「介護される側」から「介護する側」への転換が始まる可能性があります。介護家族の困りごとに専門性を持った第三者の目や力が入るということであり、それを団塊・ポスト団塊世代が担うのです。「地域包括ケア」の一環として位置付けられていますが、まさに、ゆたかな地域づくりを担う側になるということです。また、民間では、介護離職者を支援するコーディネーターもあらわれています。介護離職の問題などは企業の勤務経験もあり、親の介護も自分事として考えられるからこそ解決の担い手になれる面もあるわけです。こうした地域のさまざまなコーディネーターに団塊・ポスト団塊世代が期待されるところです。

すでに、「デイサービスセンターに行くと、自分が役に立てることはないか、と言う高齢者が結構いるという話も聞きます。テレビ東京で高視聴率となった「三匹のおっさん」は、幼なじみのリタイア3人組が地域の悪に立ち向かうというストーリーで話題となりました。こういう気持ちが今リタイア世代にあるのだと思われます。「地域支え合いセンター」も予定されていますが、これからは「デイサービスセンター」が「地域のお世話センター」に転換していくこともあり得ない話ではないのです。まさに「支えられる側」から「支える側」への転換であり、お互いに支え支えられる「共助」の始まりです。認知症も、問題視するよりも誰でもそうなる可能性のある普通の存在として、もっと社会で受け入れることが重要でしょう。地域で受け入れ、サポートするためにどうしたらよいかをお互いに考えていきたいものです。例えば、徘徊型認知症の方が、行方不明になる前に、街の人々が声をかけることが普通になっていく。こうしたことでよりよい地域でのケアの仕方も見つかる可能性があるでしょう。

一方、「社会性消費」もすすんでいます。「社会性消費」とは、筆者が１９９９年頃にソーシャルマーケティングの研究に携わっていたときに、調査結果から得られたことです。当時、博報堂生活総研とともに調査結果を分析し、社会性が消費にかなり影響を与え始めていることがわかったのです。同じ機能の製品であれば、環境に対して、より負荷をかけないほうを選んで買うという消費行動です。これはその後、ハイブリッド車が登場し、詰め替え洗剤が続々と誕生することで大きな流れとなったのですが、現在の団塊・ポスト団塊世代はまさにその社会性消費を担っています。

例えば、車種別にみると40〜60代が乗りたいクルマの1位は「ハイブリッド車」です。また、子どもの独立で子ども部屋が空いたことや定年退職などを機にリフォームを行うことが多いわけですが、そのときに何をしたいかというと、「太陽光などの自家発電をとり入れたい」が1位になったのです。まさに社会性消費をしようとしているのです。もちろんハイブリッド車は低燃費が選択理由としてあるのですが、同時にエコになるということが歓迎されています。すでに太陽光以外にもエネファームなど自家発電の選択肢は広がっています。リフォーム時の「自家発電」導入がどんどんすすんでいけば、社会全体のエネルギー事情にも大きなプラスの変化を与えるでしょう。

「介護」も「社会性消費」も自分が「支えられる側」になるのではなく「支える側」にな

る。これが「新しい大人世代」です。それが、まさに今始まろうとしています。社会に「支えられる側」からいつまでも現役生活者で社会を「支える側」へ。まさに、さまざまな意味での「共助」への転換が今始まろうとしているのです。

44 社会に「支えられる側」から社会を「支える側」になる③クロスジェネレーション

「大人世代と若者世代がお互いの良さを認め合いながら、交流・協力し、新しい文化や潮流を創る時代に」68%
「大人世代が若者世代を応援することで、若者世代からも新しく社会的にも意義のある文化や潮流が生まれる時代に」62%
（新しい大人文化研究所調査より）

人口の少ない「若い世代」が人口の多い「高齢世代」を支えるというのが年金賦課方式の問題であり、これに対して「自助」ということを述べました。その上で、さらに望ましいのは、具体的に「新しい大人世代が若い世代を支えるクロスジェネレーション」です。年金賦課方式を変えるのは莫大な税金がかかり現実的ではありません。それを解決するのは、新しい大人世代が若い世代を「支える」という逆の回路をしっかりとつくることです。いつまでも年金賦課方式で少ない若年層が多くの高齢層を支える問題を嘆いてばかり、あるいは怒りをぶつけているばかりでは、永遠に問題の解決にはならないのです。

とりわけ、「少子高齢化」と言われるように「少子化」が片方で進行しています。それが状況を深刻にしているわけです。「厚生労働省は2012年の合計特殊出生率（1人の女性が生涯に産むとされる子供の数）が前年を0・02ポイント上回る1・41だったと発表した。（中略）一方、出生数は過去最少となり人口減は続く。実効性のある子育て支援策が求められる」（日本経済新聞2013年6月5日）とされています。

まず、出生数が増えるような環境づくりが必要です。そういう環境とは若い世代がより暮らしやすい環境です。なぜ出生数が増えないかというと、結婚をなかなか考えられない若者が多く存在するからです。つまり、フリーターやニートで、とても結婚できないということです。平成25年版の内閣府「子ども・若者白書」によれば2012年の15～34歳のフリーター数は180万人、ニート数は63万人です。つまり、フリーター・ニートの正規就業化をすすめて安定収入が得られるようにすればよいのです。そのための「フリーター・ニートの就業支援」にエルダー世代が力を発揮することが考えられます。これまで企業や自営業で若い社員や従業員と接して来た経験、あるいはマネジメントして来た経験を活かす。つまり雇用する側のニーズを知るところからより適確にフリーター・ニートの就業への必要なサポートを行えるのではないでしょうか。

次に、「若い世代のチャレンジを応援」するということがあるでしょう。この不況で若者の起業が減ったと言われます。起業には当然不安がつきまといます。これをエルダー世代の仕事や人生の経験をもってサポートするということです。サポートする側としても、自分自身がリスクを冒すのではない分、より適確なアドバイスもできるでしょう。メンターと言ってもいいかもしれません。最近グレービジネスというエルダーの起業が相対的に増えていますが、失敗が比較的少ないとも言われます。それは慎重に事をすすめるからだとみられています。そのノウハウを若者の起業に役立てることができるのではないでしょうか。起業する若者への側面からの助言や親身の相談などです。安心して相談できる人がいるというのは心強いことでしょう。事業が成功すれば雇用も増えます。

一方、女性にも若い世代支援は可能だと思われます。それは「若い母親の育児支援」です。団塊世代は専業主婦率が高いと言われ、直接社会経験を活かすことは難しいかもしれませんが、その分「育児経験」はあるわけです。若い有職女性はもちろん、若い専業主婦でも第一子の子育てはパニックになり易いものです。ベビーシッターという直接的な役割もあるわけですが、それだけでなく「若い母親の相談に乗る」ことができると思うのです。当事者としては育児パニックになるようなことでも、経験者からたいしたことないわよ、と言われれば気が楽になります。育児の悩みを聞いてあげることもできます。よく言われることですが、聞いてあげるだけで精神的に楽になるということもあるわけです。いわば、孫育て・孫ケアを自分の家族だけにとどめるのでなく社会化するわけです。政府も２０１５年度から「子育て支援員」資格を設ける方針を固め、動き始めました。育児経験のある主婦などが対象で、20時間程度の研修で保育士のサポートにあたることができるというものです（日本経済新聞２０１４年8月5日）。まさに始めどきだと言えるでしょう。待機児童も多く、保育施設も求められています。実際の方法としては各自治体のファミリーサポートのなかで活躍するというのも現実的だと思われます。ただ今後は単なる支援でなく「保育カウンセラー」というような乳幼児のケアと若い母親の相談の両方を併せ持ったスキルやその資格があってもいいのではないかと思うのです。

さらに、学童保育などにも活躍が期待されます。すでに女性だけでなく、夫婦で支援しているケースもあります。幼少女児の連れ去りや監禁などの事件も頻々と起きている現状を顧みれば、まさに時間のできたリタイア世代が下校時に街中を手分けして巡回するようなことも期待されます。人目のあることが犯罪の抑止になります。以前にも書きましたが、ここでも独居老人は家にこもっている場合ではないのです。散歩のように歩くだけで大きな地域貢献ができる可能性があるわけです。

こうした若い世代サポートのいずれにも共通していえることがあります。それは、「カウンセリング」です。つまり、若い人の相談に乗るためのスキルが重要だということです。経験をただ話すということではなく、その活かし方というのもあるわけです。カウンセリングは、当事者に気づきを与えたり、当事者のやりたいことをより明確化してあげることだとも言われます。コンサルテーションとの違いはその人が全ての答えを用意するということではなく、当事者のやりたいこと、困っていることに当事者自身で答えを出せるように支えてあげるということです。そのためのスキルを身につけ、その上でこうしたサポートを行えば大きな力になるでしょう。

「大人世代と若者世代がお互いの良さを認め合いながら、交流・協力し、新しい文化や潮流を創る時代」について40～60代に聞きました。68％が共感すると答えました。これは大変素晴らしいことです。今まで、大人といえば若者を叱る、というのが通り相場でしたが、今の〝新しい大人〟はそうではありません。若者と交流し協力したいと思っています。具体的には東日本大震災でよくあらわれました。おじさんボランティアが東北へ行き、先行していた若者と一緒になって汗を流しました。さらに、「大人世代が若者世代を応援することで、若者世代からも新しく社会的に意義のある文化や潮流が生まれる時代」に共感するという人も62％に上りました。大人世代が応援することで、若者世代から新しい文化が生まれることに6割もの人が共感しているのです。

本当にこういう日本が生まれれば素晴らしい国になるでしょう。その素地は「新しい大人世代」だからこそ十分にあります。若者と新しい大人世代が地域でつながれば、素敵な日本がやってくると思われます。例えば、新しい大人世代がプロデューサー集団となって企画審査・資金拠出して「若者の映画製作やイベント」を地域で支援することもあるでしょう。地域のストリートから出て来る「若者ミュージシャン」を「新しい大人世代の仲間で応援」して全国デビューを目指す、というのもあるでしょう。地域の「若者のスポーツチームの世話役」として大いにもり立てるというのもあるでしょう。

今は若者は若者、大人世代は大人世代で、若者から見ればおじさん世代が固まって見えるし、大人世代から見れば、若者はよくわからないというところです。しかしながら、ここに交流・協力が生まれるときに新しい何かが始まると思われます。

世代間交流を「クロスジェネレーション」と言っていますが、このように「クロスジェネレーション」で若い世代を支えることができれば、若い世代の生産性も向上し、また支えられれば年金を支払ってもいいかという気持ちにもなるでしょう。「新しい大人世代が若い世代を支える」という大きな流れができれば、社会全体の空気も変わると思われます。

「クロスジェネレーション」で「若者との交流・協力」が始まり、「若者の支援」が始まる、そこから「地域の未来」そして「日本の未来」が広がっていくと思うのです。

45 死に向かうのではなく　人生を全うしようとする

「健康を向上させて、生活をさらに充実させたい／楽しみたい」79％（新しい大人文化研究所調査より）

「人生を全う」する。普通、誰でも人生は死に向かっている、と思います。それは誰も疑う余地のない常識です。そしてどうやって死を迎えるか、そこに多くの人は不安も感じ、頭も悩ませます。しかしながら、実は人は人生の最後で〝死ぬ〟のでもなければ、〝死に向かっている〟のでもないのです。人間は誰しも本来「人生を全う」するところに向かっているのです。

40〜60代で「健康を維持し今の暮らしを保ち続けたい」と思う人は85％になります。当然といえば当然です。しかし、さらに「健康を向上させて、生活をさらに充実させたい／楽しみたい」と思うか聞いてみると、共感する人は79％にのぼります。これは何を意味するのでしょうか。実は「健康」それ自体はゴールではなかったということなのです。しばしば、健康であること自体が目的であるかのように思われてしまうことがあります。とくに高齢期を考えると、皆、日々やることもないので「健康」のことだけを考えていると思われがちです。しかし、高齢期であれ、何であれ、人間「健康であればそれでいい」ということではないということです。何のための健康かということです。いくら健康であっても無為な日々では意味がありません。やはり「健康」であることによって「充実した人生」「楽しい人生」でありたい、と誰しもが願っている、ということがわかります。「健康」は目的ではなく、手段です。そして目的は「充実した人生」「楽しい人生」でありたい、ということなのです。

その「充実した楽しい人生」ということの先に「人生を全う」する、ということがあるのです。「死ぬ」のではありません。人間、社会的役割を一度も何も持たずに一生を終える人はいません。働く、というのはそういうことであり、主婦、母親、サラリーマン、自営業、父親などという役割を担ってきたわけです。振り返って、それが十分であったかどうかは言い難い面もあるかもしれません。多くの人はああすればよかった、こうすればよかったという想いもあるでしょう。とはいえ、やはり何らかの役割を担って来たわけで、それは多くの場合本人が思う以上のことはできていたのではないでしょうか。

「人生最高のとき」にする、というのはまさにその仕上げのときであり、また、何かしら悔いが残っているとすれば、それを挽回するときでもあるわけです。「人間死んだらお終いよ」とはよく言われますが、実は「死はお終いではない」のです。なぜなら、人が亡くなった後にはその人について皆が語ります。「ひどい人だったよネ」と言われても、その人は「それは誤解だ」とはもう言えません。評価は死後も変わっていきます。歴史的な人物をみればよくわかります。英雄だった人が時代によって極悪人にもなります。同じ言われるのであればヒトラーみたいな人だったネ、と言われるよりは坂本龍馬のようだったネと言われたほうが断然いいわけです。

したがって、人生の最後のときに、自分のため、家族のため、地域のため、社会のため、何かできることを考え実行するということが大事だといえるでしょう。最後の10年で近隣のために尽力をした人は、仮にその前の人生であまり芳しくないことがあったとしても「いい人だったネ」と言われるでしょう。反対にいくら会社で高い役職にあったり、社会的実績があったとしても最後に魔がさして通りかがりの女性にセクハラ的なことをすれば「カドのチカンのジジイあの世へ逝っちゃったよね」となりかねません。人生が結局とりまとめて「カドのチカンのジジイ」になるのは避けたほうが賢明です。

人生、最後のときが肝心なのです。そして、人間、死に向かっていると思うと暗くなりがちです。後ろ向きにもなりがちです。あきらめ半分で投げやりにもなりかねません。恐怖や不安にさいなまれることもあるでしょう。しかし、最後まで、自分に与えられた大切な人生であり、何かすべきことがあるはずだ、何か「使命」があるはずだ、と考えればまた別の見方もできます。若い気持ちで、何か自分にできることをする。年齢に合わせて過度にやり過ぎず、しかし、ちょっとだけ無理をする、そのくらいがちょうどいいかもしれません。

三浦雄一郎さんは80歳で世界最高齢によるエベレスト登頂を達成しましたが、実は50代でメタボになり、65歳のある日札幌の自宅近くの藻岩山という531mの山に登ろうとして途中で息が切れたそうです。これはイカンと一念発起してエベレスト登頂を目指し訓練を少しずつ始めたといいます。そのお父様の三浦敬三さんはサラリーマン生活の後にスキーヤーとなり、100歳でひ孫も含めた4世代による滑降に成功しました。まさに「人生を最高のとき」にした試みといえるでしょう。

そこまでできる人がそういるわけではありませんが、人それぞれにできることはあるはずです。チャレンジ精神というのは若い気持ちのあらわれでもあります。例えば、自分史の執筆をより目的意識を持って取り組むということもあるでしょう。自分の子孫に何をしたのかを伝えるという目的を持つ、あるいは、時代の記録として時代の変化のなかで青少年期や仕事や家族を位置付けてみる。パソコンでビジュアル素材を盛り込むことに挑戦しながら作成するという試みもあるでしょう。万一要介護状態であっても、毎日お化粧をしてニコニコしていればそれだけで周囲に元気を与えられるかもしれません。

決して人生は死で終わるわけではありません。「人生を若い気持ちで全う」する。とりわけ、人生最後のときを大事にする。人生の仕上げのときであり、挽回のときでもあるわけです。人生の最後のときに、決して無理をすることなく、小さなことの積み重ねでいいので、ひとりひとりの「最高の人生」であろうとする、そのことによって、ひとりひとりが自分なりに「人生を全うする」ことができる、と思うのです。

46 過去と現在とこれからに感謝し、若い精神を持ち続ける

２０２０年、「大人（成人）の10人に８人は40代以上」「全人口の３人に１人は60代以上」になります

（「国立社会保障・人口問題研究所」中位推計より）

最近あまりお目にかからなくなりましたが、これまではどこの町内にもガンコジジイがいました。歳をとって肝癪《かんしゃく》持ちで、何かにつけて怒り出すジイサンです。本人はそれで発散をしてよかったのかもしれませんが、周囲は少々大変でした。時代の移り変わりのなかで置いていかれたような気分があり、その苛立ちがそうさせていたのかもしれません。その決まり文句は「近頃の若い者は」でした。一般的には、最近の若者が流行やオシャレなど軟弱なことにばかり興味を持っている、自分たちが若者のときは、天下国家を憂い、あるいはお国のために犠牲になったというようなことです。どの時代でも時代は移り変わっていくし、次の時代は若者のものでした。高齢者が疎外感を感じるのは必然的なことでした。

ところが、そういうガンコジジイにあまりお目にかからなくなりました。そして、これからは大きく二つの点が異なっていきます。その一つは人口構造の変化です。２０２０年は東京オリンピックの年です、その年に成人人口すなわち20歳以上人口が約1億人であるのに対して、40歳以上人口が約７８００万人、つまり「大人（成人）の10人に８人は40代以上」となります。２０２０年といえばもう目の前ですが、なんと「大人といえば40代以上」という想定外の世の中になるわけです。若者は場所によっては探さないといないということになりかねません。また、全人口は約1億２４００万人に対して、60歳以上が約４３００万人、つまり「全人口の３人に1人は60代以上」になります（「国立社会保障・人口問題研究所」中位推計より）。今までは、若年層に人口が集中して高齢者は疎外感を感じていましたが、むしろ大人世代に人口が集中して街中にあふれ、若者のほうが疎外感を感じそうです。

もう一つは意識の変化です。「3. これから人生最高のときを創ろうとする」で述べたように、40〜60代で「何歳になっても若々しく、前向きな意識を保ち続けたい」と思う人が83%になります。現在の40〜60代のベースとなる意識といえます。昔はよかったそれに比べて現在はどうだ、と思うから肝癪も起きたわけです。これからはこれまでよりもっといい、そしてもっと若々しく前向きに生きよう、と思えば様子は変わって来るでしょう。この調査結果は、それが多数派になって来たことを意味しているように思えます。今後もガンコジジイにならなくて済む可能性はありそうです。

さらに、人生最後のときを「人生最高のとき」にしていくためには、どうすれば良いのでしょうか。人それぞれなのでなんとも言い難いのですが、まずは過去に感謝するということが大事なのではないでしょうか。人生長く生きていればさまざまなことがあります。悔しいことも、辛いことも、許せない、と思うこともあるわけです。とりわけ許せないと思う感情はふとしたときに思い出して湧いて来ます。そしてその想いが頭をかけ巡り、多大な時間をそこに費やしたりします。実はそう思う相手ほど自分のことを考えておらず、時間を割いてもいないのです。忘れていることも多いといえます。その相手に許せない感情を持ち続けることはバカバカしいといえます。すでに過去のことであれば、人生の一コマとして許し感謝してみたらどうでしょうか。それにとらわれたり、時間を費やしたりすることは徐々になくなるでしょう。

現在のことについても、いいこともあれば、そうでないことも起こります。ただ大事なことは、若者の頃と違って限りない未来が広がっているわけではないのです。自分の前にあるのは、ある程度見通すこともできる限りある未来です。それを最善の未来にしていく必要があります。そのためには、現在のつまらないことに拘泥《こうでい》してそれを台無しにするわけにはいかないのです。いいこともそうでないことも感謝して、限りある未来を自分にとって最高のものにする必要があります。

さらに、今後については、その限りある未来のなかで最高のことを期待し、小さなことでもいいから何かにチャレンジし続ける、そして、自分にとって最高の未来が来ることに感謝します。こうした感謝が自分にとっての最高の人生を創ることにつながるでしょう。

伊勢神宮は2013年に式年遷宮がとり行われました。その伊勢神宮の精神として語られるのは「常若《とこわか》」です。唯一神明造りの社殿は式年遷宮によって、つねに新しく、つねに若々しいのです。日本の最も古い伝統のひとつが「つねに新しく、つねに若い」ということは驚きです。また、仏教においても空海は宇宙の生命と一体となる、そのことで生きる力を得ると説いたと言われます。さらに、聖書では「長らえる限り良いものに満ち足らせ鷲のような若さを新たにしてくださる」という一節（旧約聖書詩篇103編5節）があり、長い歴史のなかで多くの人を勇気づけて来たといわれます。この旧約聖書はもともとユダヤ教の経典であり、イスラム教でも尊重されています。世界の多くの宗教で「若さといのち」が人々に力を与えて来ました。

〝過去〟と〝今〟と〝これから〟について感謝する。「若い気持ち」を持って「人生を全う」していく。人口構造の変化によって、大人世代が圧倒的多数の世の中になります。この圧倒的多数が「人生下り坂」感を持って後ろ向きになり、社会全体が沈滞ムードになると大変です。そうあってはならないのです。

ひとりひとりがそれぞれに何らかの「若さ」を持ちながら前向きに「人生を全う」しようとする。「新しい大人世代」になる。そのことによって、ひとりひとりに「最高の人生」が生まれて来る。その「新しい大人世代が若い世代を支える」ようになる。そうした社会が到来すればそれは素晴らしいことでしょう。

それを実現させるのが50歳を過ぎたらもう歳をとらない「ジーンズフィフティ」です。それはまさに全ての人に可能性のあることであり、そのことが、今、「日本の未来」として期待されている、と思うのです。

あとがき

日本の人口構造は今劇的に変化しています。とりわけ、高齢化が急速に進展し、それは日本人自身の意識がそこに追いつかないほどのスピードですすんでいます。本文中にも記しましたが、２０２０年には「大人といえば40代以上」という想定外の社会が来ます。そのときに40代以上の全員が疲れた中高年やくたびれたシニアになるとどうなるのか、年寄りが年寄りらしくしているとどうなるのか。一言でいえば大変「残念な世の中」になるのではないかということです。東京オリンピック開催時は盛り上がりますが、終了後は、ジジババがあふれる索漠とした世の中になりかねません。残るは少数の若者による年金負担という重い世の中です。それは「残念」という一言では済まない「深刻」で「沈滞」した社会になりかねません。これは誰がどう、いいわるい、という問題ではなく、絶対的な人口の問題なので、誰にも避けられないことなのです。しかも、その先には世界中が高齢化になっていきます。世界で唯一確実な未来予測は高齢化です。これだけは天変地異があっても戦争があっても何があってもやって来ます。先進諸国から始まり、その後、アジア諸国と開発途上国が追いかけ

●高齢化はグローバルに進行する大きな社会変化

主要国の65歳以上人口割合：1950〜2050年

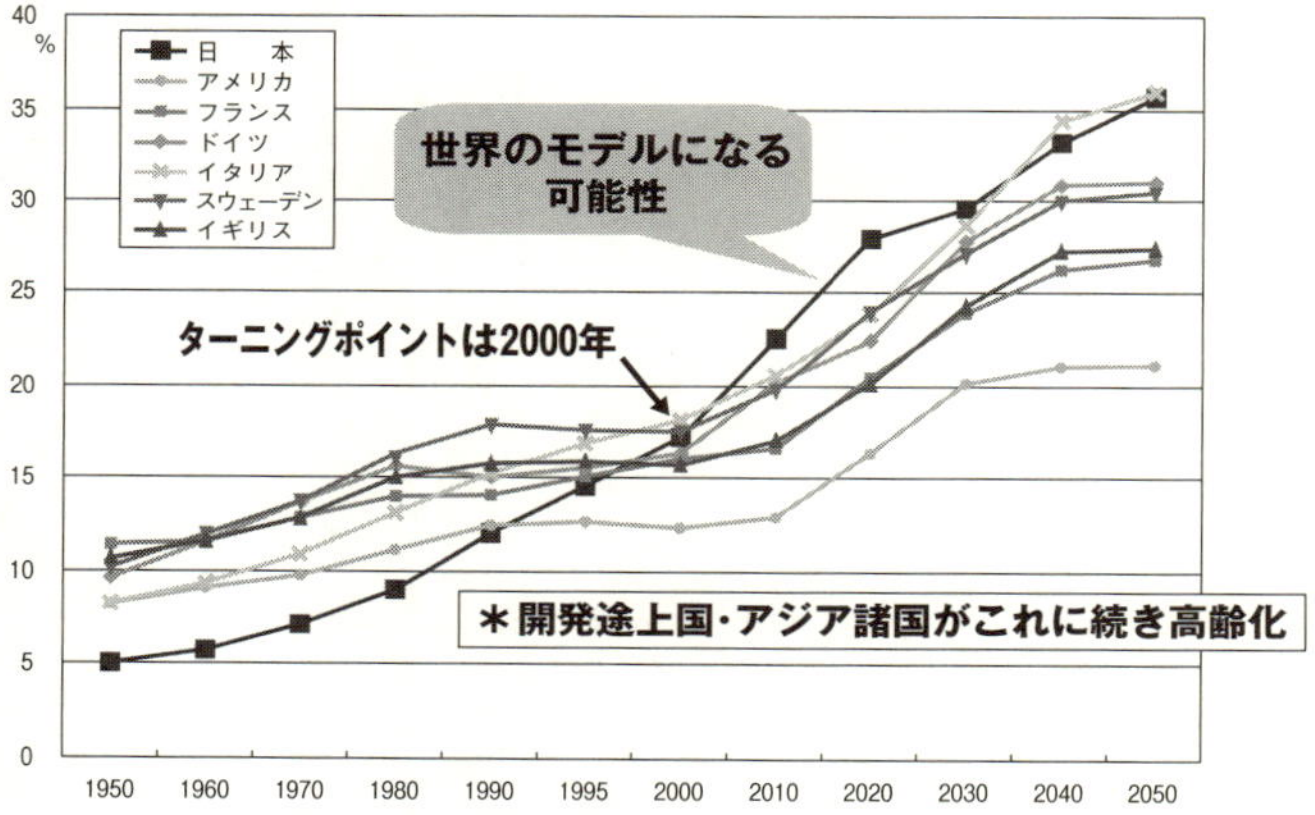

資料　：UN, Word Population Prospects : The 2004 Revision による

ます。したがってその「残念な世の中」が日本を起点に世界中に広がるという危険性もはらんでいます。しかも、グラフにあるように、国連の世界人口推計をみると、２０３０年ないし２０４０年に世界でもっとも高齢化率が高くなるのは日本とイタリアとドイツです。かつて同盟国だったこの三国によるジジババ世界制覇か、というマンガのような話にもなりかねません。あまり歓迎したくない地球の未来です。

しかしながら、そこに「生活者」の側から違う動きが出て来ているのではないか、必ずしもそうならない可能性も見え隠れしているのではないか、というのが本書の趣旨です。そしてまた「若々しく」あることは介護や医療の費用軽減と消費拡大にも直結するために、茶化したり茶化されたりしている場合ではなく、緊急に取り組むべきことなのです。

山下達郎さんの60歳になったときのメッセージが「60歳って意外に若いんです」でした。また、小田和正さんは66歳でステージの端から端まで走りながらライブを行っています。まだ、そのためのトレーニングも日々欠かさないといわれます。そのライブ会場には若者も来ています。もちろん、誰でもそうなれるわけではないのですが、カタチは違えども、方法も違えども、あるいはできることはその何分の一かもしれないが、精神的にはそうありたい、と思う人も多いでしょう。

自分にできることで何かを始める、何かを続ける、何かにチャレンジする、まさに「新しい大人」が創る日本の「新しい大人文化」です。

そして、もし日本に「新しい大人文化」の社会ができれば、それは世界のモデルになる可能性があるのです。それはグラフにあるように、今日本が世界に先駆けて高齢化が進展しているからであり、日本人が思う以上に世界中が先行指標として、日本に注目しているからです。まさにそこには高齢化という問題を機会に変えて、世界をリードする日本になる可能性が秘められているのです。

もちろん本書で記したことについては、あてはまること、そうでないことはあるでしょう。少し思い切って書いたところもあります。私自身も全ての方々に処方箋などという大それたことができるわけもなく、あくまで例示とお考えいただき、何がしかのヒントを得ていただければと思う次第です。

また、本書では博報堂新しい大人文化研究所の調査結果をかなりご紹介しましたが、それは、多くの生活者の傾向の一端を知っていただきたいという想いです。今の自分は変わり者とか、自分だけがこんなことを考えていて、こんなことをしていていいのだろうか、という疑問がもしあるとすれば、その調査結果から実は多くの人が同じことを考えていたり、すでにしたりしていることだ、ということをご理解いただければ望外の喜びです。

さらに、より若い世代の方々にはこのなかから新しいビジネスの芽を発見し、新しい社会の可能性を感じていただければ幸いです。

最後に文中にも記しましたが、引用させていただいたり、示唆をいただいた日本BS放送(BS11)二木啓孝取締役報道局長、女の欲望ラボ山本貴代代表、いよよ華やぐ倶楽部白石禮子代表、浪漫堂倉垣光考最高顧問の各氏に感謝申し上げます。日々の仕事を通じてさまざまなヒントを与えてくれた新しい大人文化研究所のメンバーにも感謝します。そして専業主婦として多くの示唆を与えてくれ、また協力をしてくれた妻とその友人に感謝して筆をおきたいと思います。

２０１４年８月10日

博報堂 新しい大人文化研究所 所長

阪本節郎

阪本節郎
博報堂 エルダーナレッジ開発 新しい大人文化研究所所長。
1975年早稲田大学商学部卒業。(株)博報堂入社。食品・トイレタリー・自動車・OA・金融等のプロモーション企画実務を経て、プロモーション数量管理モデル・対流通プログラム等の研究開発に従事。その後、商品開発および統合的な広告プロモーション展開実務に携わりつつ、企業のソーシャルマーケティングの開発を理論と実践の両面から推進。地域社会・NPO・環境・高齢者・教育サイトなどのテーマに取り組む。2000年エルダービジネス推進室開設を推進し、2011年新しい大人文化研究所を設立、現在に至る。中央省庁および自治体・独立行政法人・放送局などの委員会委員を歴任。
著書には『巨大市場「エルダー」の誕生』(プレジデント社・共著)、『団塊サードウェーブ』(弘文堂)、『団塊の楽園』(弘文堂・共著)がある。

講談社+α新書 670-1 D
50歳《さい》を超《こ》えたらもう年《とし》をとらない46の法《ほう》則《そく》
「新しい大人」という50＋世代はビジネスの宝庫
阪《さか》本《もと》節《せつ》郎《お》
2014年9月22日第1刷発行

発行者—— 鈴木 哲
発行所—— 株式会社 講談社
東京都文京区音羽2-12-21 〒112-8001
電話 出版部(03)5395-3532
販売部(03)5395-5817
業務部(03)5395-3615
デザイン—— 鈴木成一デザイン室
カバー印刷—— 共同印刷株式会社
印刷—— 慶昌堂印刷株式会社
製本—— 株式会社若林製本工場

ISBN978-4-06-272867-6

講談社+α新書

スマホ中毒症 「21世紀のアヘン」から身を守る21の方法　志村史夫
スマホ依存は、思考力を退化させる！　少欲知足の生活で、人間力を復活させるための生活術　838円 625-1 C

「アンチエイジング脳」読本 いくつになっても、脳は磨ける　築山節
今すぐできる簡単「脳磨き」習慣で、あなたの脳がどんどん変わる！　ボケたくない人の必読書　800円 626-1 B

最強の武道とは何か　ニコラス・ペタス
K−1トップ戦士が自分の肉体を的に実地体験！　強さには必ず、科学的な秘密が隠されている!!　838円 627-1 D

住んでみたドイツ 8勝2敗で日本の勝ち　川口マーン惠美
在独30年、誰も言えなかった日独比較文化論!!　ずっと羨しいと思ってきた国の意外な実情とは　838円 628-1 D

住んでみたヨーロッパ 9勝1敗で日本の勝ち　川口マーン惠美
20万部突破のシリーズ最近作!!　欧州の都市は劣化しEUは崩壊する…世界一の楽園は日本！　880円 628-2 D

成功者は端っこにいる 勝たない発想で勝つ　中島武
350店以上の繁盛店を有する飲食業界の鬼才の起業は40歳過ぎ。人生を強く生きる秘訣とは　838円 629-1 A

若々しい人がいつも心がけている21の「脳内習慣」　藤木相元
脳に思いこませれば、だれでも10歳若い顔になる！　「藤木流脳相学」の極意、ついに登場！　838円 630-1 B

新しいお伊勢参り "おかげ年"の参拝が、一番得をする！　井上宏生
伊勢神宮は、式年遷宮の翌年に参拝するほうがご利益がある！　幸せをいただく㊙お参り術　840円 631-1 A

日本全国「ローカル缶詰」驚きの逸品36　黒川勇人
「ご当地缶詰」はなぜ愛されるのか？　うまい、取り寄せできる！　抱腹絶倒の雑学・実用読本　840円 632-1 D

溶けていく暴力団　溝口敦
反社会的勢力と対峙し続けた半世紀の戦いの集大成！　新しい「暴力」をどう見極めるべきか!?　840円 633-1 C

日本は世界1位の政府資産大国　髙橋洋一
米国の4倍もある政府資産⇩国債はバカ売れ!!　すぐ売れる金融資産だけで300兆円もある！　840円 634-1 C

表示価格はすべて本体価格（税別）です。本体価格は変更することがあります

講談社+α新書

「先送り」は生物学的に正しい 究極の生き残る技術
宮竹貴久
死んだふり、擬態、パラサイト……生物たちが実践する不道徳な対捕食者戦略にいまこそ学べ
840円 646-1 A

女のカラダ、悩みの9割は眉唾
宋《ソン》美《ミ》玄《ヒヨン》
「オス化」「卵子老化」「プレ更年期」etc.女を翻弄するトンデモ情報に、女医が真っ向から挑む！
840円 647-1 B

自分の「性格説明書」9つのタイプ
安村明史
人間の性格は9種類だけ⇩人生は実は簡単だ!! ドラえもんタイプは博愛主義者など、徹底解説
840円 648-1 A

テレビに映る中国の97%は嘘である
小林史憲
村上龍氏絶賛！「中国は一筋縄ではいかない。一筋縄ではいかない男、小林史憲がそれを暴く」
920円 649-1 C

「声だけ」で印象は10倍変えられる
高牧康
気鋭のヴォイス・ティーチャーが「人間オンチ」を矯正し、自信豊かに見た目をよくする法を伝授
840円 650-1 B

高血圧はほっとくのが一番
松本光正
国民病「高血圧症」は虚構!! 患者数5500万人の大ウソを暴き、正しい対策を説く！
840円 651-1 B

マネる技術
コロッケ
あの超絶ステージはいかにして生み出されるのか。その模倣と創造の技術を初めて明かす一冊
840円 652-1 C

会社が正論すぎて、働きたくなくなる 心折れた会社と一緒に潰れるな
細井智彦
社員のヤル気をなくす正論が日本企業に蔓延！ 転職トップエージェントがタフな働き方を伝授
840円 653-1 C

母と子は必ず、わかり合える 遠距離介護5年間の真実
舛添要一
「世界最高福祉都市」を目指す原点…母の介護で嘗めた辛酸…母子最後の日々から考える幸福
880円 654-1 C

毒蝮流！ ことばで介護
毒蝮三太夫
「おいババア、生きてるか」毒舌を吐きながらも喜ばれる、マムシ流高齢者との触れ合い術
840円 655-1 A

ジパングの海 資源大国ニッポンへの道
横瀬久芳
日本の海の広さは世界6位――その海底に約200兆円もの鉱物資源が埋蔵されている可能性が!?
880円 656-1 C

表示価格はすべて本体価格（税別）です。本体価格は変更することがあります